DR. OETKER

Weihnachtliches
Backen

DR. OETKER

Weihnachtliches
Backen

 CERES

Sie mögen das ganze Jahr hindurch ein Backmuffel sein, doch in der Adventszeit werden Sie – wie viele andere – von einem geheimnisvollen Backtrieb erfaßt. Selbst der trübste Wintertag wird schön und gemütlich, wenn der Duft von Zimt, Vanille und Ingwer durch die Wohnung zieht. Und endlich kehren Ruhe und Behaglichkeit in das vorweihnachtliche, hektische Treiben ein. Folgen Sie uns in die märchenhafte Welt der Backstube, wo viele altbekannte Plätzchen auf Sie warten. Aber auch neue köstliche Weihnachtsleckereien werden Sie begeistern. Geben Sie sich der kindlichen Lust am Rühren, Kneten, Formen und Rollen hin und bescheren Sie Ihrer Familie traumhaft gutes Weihnachtsgebäck.

Plätzchen

Seite 8–39

Kleingebäck

Seite 40–53

Kuchen

Seite 54–69

Torten

Seite 70–85

Figürliches Backen

Seite 86–99

Konfekt

Seite 1oo–115

Ratgeber

Seite 116–123

Apfel, Nuß und Mandelkern haben alle Kinder gern. Die kleinen und die großen! Also gehören solche Leckereien ganz selbstverständlich in die betriebsame, vorweihnachtliche Backstube, wo sich alt und jung erwartungsvoll zum Plätzchenbacken versammeln. Wie herrlich, wenn es dort nach Pfeffernüssen, Zimtsternen und Spekulatius duftet, wenn sich erst die Schüsseln, dann die Bleche und schließlich die Plätzchendosen füllen, mit all den kleinen, feinen Mini-Verführungen, die das Warten aufs Christkind versüßen sollen. Dabei muß man gar nicht so standhaft sein. Walnußkipferl und Marzipanmonde, Spritzgebäck und Sahnebrezeln schmecken schon zum gemütlichen Kaffeekränzchen unter dem Adventskranz.

Naschkränzchen und Brezeln

(Foto Seite 8/9)

3oo g Weizenmehl	Für den Knetteig
1 Msp. Backpulver	mit
1oo g Zucker	in eine Rührschüssel sieben
1 Pck. Vanillin-Zucker	
1 Prise Salz	
1 Fläschchen Rum-Aroma	
1 Ei	
15o g Butter oder Margarine	hinzufügen

die Zutaten mit Handrührgerät mit Knethaken zunächst kurz auf niedrigster, dann auf höchster Stufe gut durcharbeiten, anschließend auf der Arbeitsfläche zu einem glatten Teig verkneten, sollte er kleben, ihn eine Zeitlang kalt stellen aus dem Teig 22 cm lange, bleistiftdicke Rollen formen, daraus Brezeln formen oder jeweils 2 Rollen umeinander drehen, zu Kränzchen formen, auf ein mit Backpapier belegtes Backblech legen, den Teig mit

3 EL Milch	bestreichen, mit
Hagelzucker	
Belegkirschen	garnieren
Ober-/Unterhitze	18o–2oo °C (vorgeheizt)
Heißluft	16o–18o °C (nicht vorgeheizt)
Gas	Stufe 3–4 (vorgeheizt)
Backzeit	12–15 Minuten.

Butterplätzchen

	Für den Knetteig
25o g Butter	zerlassen, kalt stellen, in die erkaltete, wieder etwas festgewordene Butter nach und nach eßlöffelweise
125 g gesiebten Puderzucker	
1 Pck. Vanillin-Zucker	geben, so lange rühren, bis Butter und Zucker weiß-schaumig geworden sind, dann
3oo g Weizenmehl	sieben, 2/3 davon portionsweise unterrühren, wenn der Teig fester wird,

1 EL Milch	hinzufügen, den Rest des Mehls mit dem Teigbrei zu einem glatten Teig verkneten
	den Teig in kleinen Mengen dünn ausrollen, mit kleinen, beliebigen Formen ausstechen, auf ein Backblech legen
Ober-/Unterhitze	17o–2oo °C (vorgeheizt)
Heißluft	15o–18o °C (nicht vorgeheizt)
Gas	Stufe 3–4 (vorgeheizt)
Backzeit	etwa 5 Minuten.

Nußsterne

	Für den Knetteig
15o g Weizenmehl	mit
1 Msp. Backpulver	mischen, in eine Rührschüssel sieben
15o g Zucker	
1 Pck. Vanillin-Zucker	
15o g weiche Butter	
oder Margarine	
15o g gemahlene	
Haselnußkerne	hinzufügen
	die Zutaten mit Handrührgerät mit Knethaken zunächst kurz auf niedrigster, dann auf höchster Stufe gut durcharbeiten, anschließend auf der Arbeitsfläche zu einem glatten Teig verkneten, sollte er kleben, ihn eine Zeitlang kalt stellen
	den Teig dünn ausrollen, Sterne ausstechen, auf ein gefettetes Backblech legen
Ober-/Unterhitze	17o–2oo °C (vorgeheizt)
Heißluft	15o–18o °C (nicht vorgeheizt)
Gas	Stufe 3–4 (vorgeheizt)
Backzeit	etwa 1o Minuten
	die Hälfte der erkalteten Plätzchen mit
3 EL rotem Gelee	bestreichen, die übrigen darauflegen.
	Für den Guß
2oo g Haselnußglasur	nach Anleitung auflösen
	die Plätzchen damit bestreichen, sofort mit
abgezogenen,	
halbierten Mandeln	
halbierten Haselnußkernen	garnieren.

Zimtsterne

	Für die Eiweißmasse
3 Eiweiß	mit Handrührgerät mit Rührbesen auf höchster Stufe so steif schlagen, daß ein Messerschnitt sichtbar bleibt
25o g Puderzucker	sieben, nach und nach unterrühren zum Bestreichen der Sterne 2 gut gehäufte Eßlöffel Eischnee abnehmen
1 Pck. Vanillin-Zucker *3 Tropfen* *Bittermandel-Aroma* *1 gestr. TL gemahlenen Zimt*	und die Hälfte von
275–325 g *nicht abgezogenen,* *gemahlenen Mandeln* *oder gemahlenen* *Haselnußkernen*	vorsichtig auf niedrigster Stufe unter den übrigen Eischnee rühren von dem Rest der Mandeln (Haselnußkerne) so viel unterkneten, daß der Teig kaum noch klebt, ihn auf einer mit
Puderzucker	bestäubten Arbeitsfläche etwa ½ cm dick ausrollen, Sterne ausstechen, auf ein mit Backpapier belegtes Backblech legen, mit dem zurückgelassenen Eischnee bestreichen, der Guß muß so sein, daß er sich glatt auf die Sterne streichen läßt, evtl. einige Tropfen
Wasser	unterrühren
Ober-/Unterhitze	13o–15o °C (vorgeheizt)
Heißluft	etwa 12o °C (nicht vorgeheizt)
Gas	Stufe 1–2 (nicht vorgeheizt)
Backzeit	2o–3o Minuten das Gebäck muß sich beim Herausnehmen auf der Unterseite noch etwas weich anfühlen.

 Die Menge der Mandeln oder Haselnußkerne hängt von der Größe des Eiweißes ab.

Busserl

	Für die Eiweißmasse
2 Eiweiß	mit Handrührgerät mit Rührbesen auf höchster Stufe steif schlagen, so daß ein Messerschnitt sichtbar bleibt, nach und nach
1oo g feinkörnigen Zucker	unterschlagen
1 gestr. EL Kakao	sieben, mit
5o g Zartbitter-Schokolade, feingeschnitten	vorsichtig unterheben
	mit 2 Teelöffeln walnußgroße Häufchen auf ein mit Backpapier belegtes Backblech setzen
Ober-/Unterhitze	13o–15o °C (vorgeheizt)
Heißluft	11o–13o °C (nicht vorgeheizt)
Gas	Stufe 1–2 (vorgeheizt)
Backzeit	25–35 Minuten.

Kokosmakronen

	Für die Eiweißmasse
1oo g Kokosraspel	in einer Pfanne ohne Fett unter Wenden leicht bräunen, erkalten lassen
2 Eiweiß	mit Handrührgerät mit Rührbesen auf höchster Stufe so steif schlagen, daß ein Messerschnitt sichtbar bleibt, nach und nach
1oo g Zucker	
knapp 1 Msp. *gemahlenen Zimt*	
3 Tropfen *Bittermandel-Aroma*	unterschlagen, die Kokosraspel vorsichtig unter den Eischnee heben (nicht rühren)
	von dem Teig mit 2 Teelöffeln walnußgroße Häufchen auf ein mit Backpapier belegtes Backblech setzen
Ober-/Unterhitze	13o–15o °C (vorgeheizt)
Heißluft	etwa 12o °C (nicht vorgeheizt)
Gas	Stufe 1–2 (nicht vorgeheizt)
Backzeit	2o–25 Minuten.

Haselnußmakronen

2 Eiweiß	Für die Eiweißmasse mit Handrührgerät mit Rührbesen auf höchster Stufe so steif schlagen, daß ein Messerschnitt sichtbar bleibt, nach und nach
1oo g feinkörnigen Zucker 1 Msp. gemahlenen Zimt 2 Tropfen Bittermandel-Aroma	unterrühren
1oo g gehobelte Haselnußkerne 75 g gemahlene Haselnußkerne	vorsichtig unter den Eischnee heben (nicht rühren) von dem Teig mit 2 Teelöffeln walnußgroße Häufchen auf ein mit Backpapier belegtes Backblech setzen
Ober-/Unterhitze	13o–15o °C (vorgeheizt)
Heißluft	etwa 12o °C (nicht vorgeheizt)
Gas	Stufe 1–2 (nicht vorgeheizt)
Backzeit	2o–25 Minuten.

Baiser

4 Eiweiß	Für die Eiweißmasse mit Handrührgerät mit Rührbesen auf höchster Stufe so steif schlagen, so daß ein Messerschnitt sichtbar bleibt
2oo g feinkörnigen Zucker	eßlöffelweise unterschlagen die Baisermasse in einen Spritzbeutel füllen, in beliebigen Formen auf ein mit Backpapier belegtes Backblech spritzen oder mit 2 Teelöffeln aufsetzen das Gebäck darf nur leicht aufgehen und sich schwach gelblich färben
Ober-/Unterhitze	11o–13o °C (vorgeheizt)
Heißluft	etwa 1oo °C (nicht vorgeheizt)
Gas	25 Minuten Stufe 1, 25 Minuten aus, 25 Minuten Stufe 1 (nicht vorgeheizt)
Backzeit	7o–1oo Minuten.

Bunte Mandelkränzchen

	Für den Rührteig
2oo g Margarine	mit Handrührgerät mit Rührbesen auf höchster Stufe geschmeidig rühren, nach und nach
1oo g gesiebten Puderzucker	
1 Pck. Vanillin-Zucker	
1 Beutel Jamaica-Rum-Aroma	
1 Msp. gemahlenen Ingwer	unterrühren, so lange rühren, bis eine gebundene Masse entstanden ist
1 Ei	unterrühren
2oo g Weizenmehl	mit
1 Msp. Backpulver	mischen, sieben, portionsweise auf mittlerer Stufe unterrühren, zuletzt
125 g abgezogene, gemahlene, leicht geröstete Mandeln	unterrühren
	Teig in kleinen Portionen in einen Spritzbeutel mit gezackter Tülle füllen, in Form von Kränzchen (Ø etwa 5 cm) auf ein Backblech spritzen
Ober-/Unterhitze	17o–2oo °C (vorgeheizt)
Heißluft	15o–18o °C (nicht vorgeheizt)
Gas	Stufe 3–4 (vorgeheizt)
Backzeit	etwa 12 Minuten.
	Zum Bestreichen
1oo g weiße Kuvertüre	in kleine Stücke schneiden, mit
5o g Kokosfett	in einem kleinen Topf im Wasserbad bei schwacher Hitze zu einer geschmeidigen Masse verrühren, die Kränzchen zur Hälfte damit bestreichen, nach Belieben mit
Liebesperlen gemahlenen Pistazien	bestreuen oder mit
aufgelöster, dunkler Kuvertüre	verzieren.

 Zur Abwechslung 15 g (3 gestrichene Eßlöffel) Kakao mit Weizenmehl und Backpulver mischen und unterrühren.

Pfeffernüsse mit Guß

250 g Weizenmehl	Für den Knetteig
½ gestr. TL Backpulver	mit
160 g Zucker	mischen, in eine Rührschüssel sieben
3 Tropfen Zitronen-Aroma	
je 1 Msp. Ingwer,	
Kardamom, Nelken,	
weißen Pfeffer	
(alles gemahlen)	
1 gestr. EL gemahlenen Zimt	
1 Ei	
3 EL Milch oder Wasser	
50 g abgezogene,	
gemahlene Mandeln	
50 g gewürfeltes Zitronat	
(Sukkade)	

250 g Weizenmehl
½ gestr. TL Backpulver
160 g Zucker
3 Tropfen Zitronen-Aroma
je 1 Msp. Ingwer,
Kardamom, Nelken,
weißen Pfeffer
(alles gemahlen)
1 gestr. EL gemahlenen Zimt
1 Ei
3 EL Milch oder Wasser
50 g abgezogene,
gemahlene Mandeln
50 g gewürfeltes Zitronat
(Sukkade)

hinzufügen
die Zutaten mit Handrührgerät mit Knethaken
zunächst kurz auf niedrigster, dann auf höchster
Stufe gut durcharbeiten, anschließend auf der
Arbeitsfläche zu einem glatten Teig verkneten,
sollte er kleben, noch etwas Mehl hinzugeben
den Teig gut 1 cm dick ausrollen, mit einer runden
Form (Ø etwa 2½ cm) ausstechen, auf ein
gefettetes Backblech legen

Ober-/Unterhitze 170–200 °C (vorgeheizt)
Heißluft 150–180 °C (nicht vorgeheizt)
Gas Stufe 3–4 (vorgeheizt)
Backzeit etwa 15 Minuten.

Für den Guß

400 g Puderzucker
etwa 6 EL heißem Wasser

sieben, mit
glattrühren, so daß eine dickflüssige Masse
entsteht, die erkalteten Pfeffernüsse damit
überziehen, sollten sie hart sein, sie einige Tage
offen an der Luft stehen lassen, dann in gut
schließenden Dosen aufbewahren.

Zimt-Baiser-Plätzchen

125 g Weizenmehl	Für den Knetteig in eine Rührschüssel sieben

2 Eigelb 5o g Zucker 1 Pck. Vanillin-Zucker 65 g weiche Butter oder Margarine	hinzufügen die Zutaten mit Handrührgerät mit Knethaken zunächst kurz auf niedrigster, dann auf höchster Stufe gut durcharbeiten, anschließend auf der Arbeitsfläche zu einem glatten Teig verkneten, sollte er kleben, ihn eine Zeitlang kalt stellen den Teig etwa 2 mm dick ausrollen, mit einer runden Form (Ø 3–4 cm) ausstechen, auf ein gefettetes Backblech legen.
2 Eiweiß 1oo g Zucker 1 TL gemahlenem Zimt	Für die Baisermasse mit verrühren die Masse im Wasserbad so lange schlagen, bis der Eischnee schnittfest ist
1oo g abgezogene, gemahlene Mandeln	unterheben, auf jedes Plätzchen knapp 1 Teelöffel der Baisermasse streichen
kandierte Kirschen	halbieren die Plätzchen jeweils mit einer halben Kirsche garnieren
Ober-/Unterhitze Heißluft Gas Backzeit	17o–2oo °C (vorgeheizt) 15o–18o °C (nicht vorgeheizt) Stufe 3–4 (vorgeheizt) etwa 1o Minuten.

Anstatt der kandierten Kirschen kann auch feingeschnittenes Zitronat oder Orangeat verwendet werden.

Spreewälder Zimtknusperchen

	Für den Teig
2 Eier	mit Handrührgerät mit Rührbesen auf höchster Stufe schaumig schlagen
2oo g grobkörnigen Zucker	unterrühren
3 schwach geh. TL gemahlenen Zimt	
1 Msp. gemahlene Nelken oder Piment	
65 g feingehacktes Zitronat (Sukkade)	

75–1oo g abgezogene, gemahlene Mandeln	unterrühren
25o g Weizenmehl	mit
2 gestr. Backpulver	mischen, sieben, portionsweise auf mittlerer Stufe unterrühren, den Rest des Mehlgemisches auf der Arbeitsfläche unterkneten
	den Teig knapp ½ cm dick ausrollen, in Rechtecke (etwa 3 x 5 cm) schneiden, auf ein mit Backpapier belegtes Backblech legen.
	Zum Bestreichen und Garnieren
1 kleines Ei	verschlagen
	die Teigrechtecke damit bestreichen, mit
75–1oo g abgezogenen, halbierten Mandeln	garnieren
Ober-/Unterhitze	17o–2oo °C (vorgeheizt)
Heißluft	15o–18o °C (nicht vorgeheizt)
Gas	Stufe 3–4 (vorgeheizt)
Backzeit	12–15 Minuten.

T I P

Die erkalteten Zimtknusperchen in gut schließende Dosen geben und etwa 1o Tage durchziehen lassen.

Walnußkipferl

	Für den Knetteig
3oo g Weizenmehl	in eine Rührschüssel sieben
1oo g gesiebten Puderzucker	
1 Msp. gemahlenen Zimt	
Mark aus 1 Vanilleschote	
1 Prise Salz	
1 Eigelb	
25o g weiche Butter	
oder Margarine	hinzufügen
	die Zutaten mit Handrührgerät mit Knethaken
	zunächst auf niedrigster, dann auf höchster Stufe
	kurz durcharbeiten
1oo g gemahlene	
Walnußkerne	auf mittlerer Stufe unterkneten, den Teig einige
	Stunden kalt stellen
	aus dem Teig bleistiftdicke Rollen formen, die
	Rollen in etwa 5 cm lange Stücke schneiden, die
	Enden etwas dünner rollen, als Hörnchen auf ein
	Backblech legen
Ober-/Unterhitze	17o–2oo °C (vorgeheizt)
Heißluft	15o–18o °C (nicht vorgeheizt)
Gas	Stufe 3–4 (vorgeheizt)
Backzeit	etwa 1o Minuten
	die Walnußkipferl sofort nach dem Backen mit
5o g zerlassener Butter	bestreichen
5o g Puderzucker	mit
1 Pck. Vanillin-Zucker	mischen, über die Kipferl sieben.

 *Anstatt gemahlener Walnußkerne kann die gleiche Menge gemahlene Pekannüsse untergeknetet werden.*

Spekulatius

250 g Weizenmehl
1 gestr. TL Backpulver
125 g Zucker
1 Pck. Vanillin-Zucker
1 Tropfen
Bittermandel-Aroma
je 1 Msp.
gemahlenen Kardamom
und gemahlene Nelken
½ gestr. TL
gemahlenen Zimt
1 Ei
100 g weiche Butter
oder Margarine
50 g abgezogene,
gemahlene Mandeln

Für den Knetteig
mit
mischen, in eine Rührschüssel sieben

hinzufügen
die Zutaten mit Handrührgerät mit Knethaken
zunächst kurz auf niedrigster, dann auf höchster
Stufe gut durcharbeiten, anschließend auf der
Arbeitsfläche zu einem glatten Teig verkneten,
sollte er kleben, ihn eine Zeitlang kalt stellen
den Teig dünn ausrollen, mit beliebigen Formen
(vor allem Tierformen) ausstechen, auf ein
gefettetes Backblech legen
werden Holzmodel benutzt, den Teig in den gut
bemehlten Model drücken, den überstehenden
Teig abschneiden, die Spekulatius aus dem Model
schlagen

Ober-/Unterhitze
Heißluft
Gas
Backzeit

170–200 °C (vorgeheizt)
150–180 °C (nicht vorgeheizt)
Stufe 3–4 (vorgeheizt)
etwa 10 Minuten.

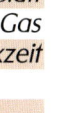

*Als Abwandlung die Spekulatius vor
dem Backen auf der Unterseite mit
Kondensmilch bestreichen und in abgezogene, gehobelte Mandeln drücken.
Mit der Mandelseite auf ein Backblech
legen.*

Vanille-Zitrus-Sterne

Für den Knetteig

2oo g Weizenmehl	mit
1 Msp. Backpulver	mischen, in eine Rührschüssel sieben
6o g Zucker	
1 Pck. Vanillin-Zucker	
etwas abgeriebene Zitronenschale (unbehandelt)	
etwas Salz	
1 Ei	
1oo g weiche Butter oder Margarine	hinzufügen

die Zutaten mit Handrührgerät mit Knethaken zunächst kurz auf niedrigster, dann auf höchster Stufe gut durcharbeiten, anschließend auf der Arbeitsfläche zu einem glatten Teig verkneten den Teig eine Zeitlang kalt stellen, in kleinen Portionen dünn ausrollen, Sterne in verschiedenen Größen ausstechen, auf ein mit Backpapier belegtes Backblech legen.

Zum Bestreichen

1 Eigelb	mit
1 EL Kondensmilch	verrühren, die Sterne damit bestreichen, mit
5o g Hagelzucker	bestreuen
Ober-/Unterhitze	17o–2oo °C (vorgeheizt)
Heißluft	15o–18o °C (nicht vorgeheizt)
Gas	Stufe 3–4 (vorgeheizt)
Backzeit	etwa 8 Minuten.

 Als Abwandlung die Sterne mit bunten Zuckerstreuseln, gehackten Pistazienkernen oder anderem Gebäckschmuck bestreuen.

Orangenplätzchen

Für den Rührteig

175 g weiche Butter
oder Margarine

mit Handrührgerät mit Rührbesen auf höchster Stufe geschmeidig rühren, nach und nach

1oo g Zucker
1 Pck. Vanillin-Zucker
1 Prise Salz
1 Fläschchen Zitronen-Aroma

unterrühren, so lange rühren, bis eine gebundene Masse entstanden ist

1 Ei
unterrühren

3oo g Weizenmehl
sieben, ⅔ davon portionsweise auf mittlerer Stufe unterrühren
auf der Arbeitsfläche den Rest des Mehlgemisches unterkneten, den Teig eine Zeitlang kalt stellen
den Teig knapp ½ cm dick ausrollen, mit einer runden Form (Ø etwa 4 cm) ausstechen, auf ein gefettetes Backblech legen

Ober-/Unterhitze 17o–2oo °C (vorgeheizt)
Heißluft 15o–18o °C (nicht vorgeheizt)
Gas Stufe 3–4 (vorgeheizt)
Backzeit 1o–15 Minuten.

Für den Guß

175 g Puderzucker
sieben, mit

4–5 EL Orangenlikör
oder Zitronensaft

glattrühren, so daß eine dickflüssige Masse entsteht, die Plätzchen damit bestreichen

kandierte Orangenscheiben
in Stücke schneiden, die Plätzchen damit garnieren.

T I P *Kandierte Früchte können auch selbst hergestellt werden. Sie brauchen dafür nur ein Zuckerthermometer (im Fachhandel), da die richtige Zuckerkonzentration eingehalten werden muß. Die Früchte müssen so lange in der Zuckerlösung ziehen, bis sie gleichmäßig davon durchdrungen sind.*

Alexanderplätzchen

	Für den Knetteig
25o g Weizenmehl	mit
1 Msp. Backpulver	mischen, in eine Rührschüssel sieben
2oo g Zucker	
1 Pck.	
Bourbon-Vanille-Zucker	
½ TL gemahlenen Zimt	
1 Msp. gemahlene Nelken	
1 Prise Salz	
1 Ei	
25o g weiche Butter	
oder Margarine	hinzufügen, die Zutaten mit Handrührgerät mit Knethaken zunächst kurz auf niedrigster, dann auf höchster Stufe gut durcharbeiten
25o g abgezogene, gemahlene Mandeln	auf mittlerer Stufe kurz unterkneten, anschließend alles auf der Arbeitsfläche zu einem glatten Teig verkneten
	den Teig einige Stunden kalt stellen, portionsweise dünn ausrollen, Plätzchen ausstechen, auf ein mit Backpapier belegtes Backblech legen
Ober-/Unterhitze	17o–2oo °C (vorgeheizt)
Heißluft	15o–18o °C (nicht vorgeheizt)
Gas	Stufe 3–4 (vorgeheizt)
Backzeit	etwa 1o Minuten
	die Hälfte der erkalteten Plätzchen auf der Unterseite mit
4 EL Himbeerkonfitüre (durch ein Sieb gestrichen)	bestreichen, die übrigen mit der Unterseite darauf legen.
	Für den Guß
1oo g gesiebten Puderzucker	mit
1–2 EL Himbeerkonfitüre (durch ein Sieb gestrichen)	
etwas Zitronensaft	zu einer dünnflüssigen Masse verrühren, die Plätzchen damit bestreichen, mit
abgezogenen, halbierten Mandeln	belegen.

Schwarz-Weiß-Gebäck

25o g Weizenmehl	Für den hellen Knetteig
1 gestr. TL Backpulver	mit
15o g Zucker	mischen, in eine Rührschüssel sieben
1 Pck. Vanillin-Zucker	
½ Fläschchen Rum-Aroma	
oder Butter-Vanille-Aroma	
1 Ei	
125 g weiche Butter oder	
Margarine	hinzufügen, die Zutaten mit Handrührgerät mit Knethaken kurz auf niedrigster, dann auf höchster Stufe gut durcharbeiten, anschließend auf der Arbeitsfläche zu einem glatten Teig verkneten, sollte er kleben, ihn eine Zeitlang kalt stellen.
	Für den dunklen Knetteig
2o g Kakao	mit
15 g Zucker	
1 EL Milch	verrühren, unter die Hälfte des Teiges kneten die beiden Teige folgendermaßen zusammensetzen:
	Für das Schneckenmuster den hellen und den dunklen Teig zu gleichmäßig großen Rechtecken ausrollen, eines dünn mit
Eiweiß	bestreichen, das zweite darauf legen, ebenfalls bestreichen, fest zusammenwickeln.
	Für das Schachbrettmuster (ohne Abbildung) den hellen und den dunklen Teig etwa 1 cm dick ausrollen, aus dem hellen 5, aus dem dunklen 4 je 1 cm breite Streifen von gleicher Länge schneiden, mit Eiweiß bestreichen, abwechselnd je 3 neben- und übereinanderlegen, in dünn ausgerollten Teig wickeln
	Rollen eine Zeitlang kalt stellen, in gleichmäßige Scheiben schneiden, auf ein gefettetes Backblech legen
Ober-/Unterhitze	17o–2oo °C (vorgeheizt)
Heißluft	15o–18o °C (nicht vorgeheizt)
Gas	Stufe 3–4 (vorgeheizt)
Backzeit	1o–15 Minuten.

Zimtstangen

250 g Weizenmehl	**Für den Knetteig**
75 g Zucker	in eine Rührschüssel sieben
1 Pck. Vanillin-Zucker	
½ Fläschchen Rum-Aroma	
1 gestr. EL gemahlenen Zimt	
1 Eigelb	
125 g weiche Butter oder	
Margarine	hinzufügen, die Zutaten mit Handrührgerät mit Knethaken zunächst kurz auf niedrigster, dann auf höchster Stufe gut durcharbeiten, anschließend auf der Arbeitsfläche zu einem glatten Teig verkneten, sollte er kleben, ihn eine Zeitlang kalt stellen den Teig dünn ausrollen, Stangen von gut 2 x 6 cm schneiden, auf ein gefettetes Backblech legen.
	Für den Belag
1 Eiweiß	zu fast steifem Schnee schlagen, die Stangen damit bestreichen, mit
Zucker	bestreuen
	sollte der Eischnee nicht reichen, die restlichen Stangen mit
Kondensmilch	bestreichen, mit
Zucker	
abgezogenen, gehobelten	
Mandeln	bestreuen
Ober-/Unterhitze	170–200 °C (vorgeheizt)
Heißluft	150–180 °C (nicht vorgeheizt)
Gas	Stufe 3–4 (vorgeheizt)
Backzeit	etwa 10 Minuten.

T I P *Anstatt Stangen können auch Zimtplätzchen gebacken werden. Dafür den Teig dünn ausrollen und mit Ausstechförmchen ausstechen.*

Spritzgebäck

(Eigelbverwertung)	Für den Rühr-Knetteig
25o g weiche Butter oder Margarine	mit Handrührgerät mit Rührbesen auf höchster Stufe geschmeidig rühren, nach und nach
25o g Zucker *2 Pck. Vanillin-Zucker* *3 Eigelb* *1 Prise Salz* *abgeriebene Schale von 1 Zitrone oder Orange (unbehandelt)*	unterrühren, so lange rühren, bis eine gebundene Masse entstanden ist
5oo g Weizenmehl	mit
2 gestr. TL Backpulver	mischen, sieben, ⅔ davon abwechselnd portionsweise auf mittlerer Stufe mit
gut 1 EL Milch	unterrühren den Rest des Mehls auf der Arbeitsfläche unterkneten den Teig durch einen Fleischwolf mit Spezialvorsatz spritzen, in Stücke von beliebiger Länge schneiden, als Stangen und Kränze auf ein Backblech legen
Ober-/Unterhitze	17o–2oo °C (vorgeheizt)
Heißluft	15o–18o °C (nicht vorgeheizt)
Gas	Stufe 3–4 (vorgeheizt)
Backzeit	etwa 15 Minuten.
	Für den Guß
1oo g Kuvertüre *etwas Kokosfett*	in kleine Stücke schneiden, mit in einem kleinen Topf im Wasserbad bei schwacher Hitze zu einer geschmeidigen Masse verrühren das erkaltete Gebäck mit der Schmalseite hineintauchen.

Eisblümchen und Sterne

	Für den Teig
2oo g Marzipan-Rohmasse	
125 g Butter oder Margarine	mit Handrührgerät mit Knethaken verrühren, nach und nach
75 g Zucker	
1 Pck. Vanillin-Zucker	
einige Tropfen	
Bittermandel-Aroma	
1 Ei	unterrühren
2oo g Weizenmehl	mit
5o g Speisestärke	
2 gestr. TL Backpulver	mischen, sieben

²/₃ des Mehlgemisches unterrühren, den Rest des Mehlgemisches auf der Arbeitsfläche unterkneten, zu einem glatten Teig verkneten.

	Für die Eisblümchen
	die Hälfte des Teiges zu haselnußgroßen Kugeln formen, bis zur Hälfte in
4o g Hagelzucker	drücken, mit der Teighälfte nach unten auf ein gefettetes Backblech setzen (nicht zu dicht)
Ober-/Unterhitze	17o–2oo °C (vorgeheizt)
Heißluft	15o–18o °C (nicht vorgeheizt)
Gas	Stufe 3–4 (vorgeheizt)
Backzeit	etwa 15 Minuten.

	Für die Sterne
	unter die restliche Teighälfte
3o g Weizenmehl	kneten
	den Teig dünn ausrollen, Sterne in unterschiedlichen Größen ausstechen, auf ein gefettetes Backblech legen, mit
etwas Milch	bestreichen
1 EL Zucker	mit
1 EL gemahlenem Zimt	mischen, die Sterne damit bestreuen
Ober-/Unterhitze	17o–2oo °C (vorgeheizt)
Heißluft	15o–18o °C (nicht vorgeheizt)
Gas	Stufe 3–4 (vorgeheizt)
Backzeit	8–1o Minuten.

Baseler Herzen

(Eiweißverwertung)

Für den Teig

2 Eiweiß
250 g Zucker
1 Pck. Vanillin-Zucker

mit Handrührgerät mit Rührbesen auf höchster Stufe schaumig schlagen

2 gehäufte TL Kakao
2 gestr. TL gemahlenen Zimt
½ TL gemahlene Nelken
½ Fläschchen Rum-Aroma
1 Prise Salz
15 g zerlassene,
abgekühlte Butter
oder Margarine

vorsichtig unterrühren

250 g abgezogene,
gemahlene Mandeln
½ gestr. TL Backpulver

mit
mischen, unter die Eiweißmasse rühren, so daß ein fester Teig entsteht
den Teig etwa ½ cm dick auf der bemehlten Arbeitsfläche ausrollen
Herzen ausstechen, auf ein mit Backpapier belegtes Backblech legen

Ober-/Unterhitze — 170–200 °C (vorgeheizt)
Heißluft — 150–180 °C (nicht vorgeheizt)
Gas — Stufe 3–4 (vorgeheizt)
Backzeit — etwa 10 Minuten.

Für den Guß

200 g Puderzucker
2–3 EL heißem Wasser

sieben, mit
glattrühren, so daß eine dickflüssige Masse entsteht
die Herzen nach dem Backen vorsichtig vom Backblech lösen, noch heiß mit dem Guß bestreichen.

T I P *Die abgekühlten Plätzchen in einer gut schließenden Dose aufbewahren. Damit die Plätzchen nicht zusammenkleben, zwischen die Plätzchenschichten Alufolie legen.*

Gewürzplätzchen

Für den Knetteig
250 g Weizenmehl   mit
1 Pck. Pudding-Pulver
Vanille- oder
Mandel-Geschmack
2 gestr. TL Backpulver   mischen, in eine Rührschüssel sieben
80 g Zucker
1 Pck. Vanillin-Zucker
5 Tropfen
Bittermandel-Aroma

1½ TL Pfefferkuchengewürz
1 Prise Salz
1 Ei
3 EL flüssige Schlagsahne
125 g weiche Butter
oder Margarine
30 g feingehacktes Zitronat
(Sukkade)
50 g abgezogene,
gehackte Mandeln   hinzufügen
die Zutaten mit Handrührgerät mit Knethaken
zunächst kurz auf niedrigster, dann auf höchster
Stufe gut durcharbeiten, anschließend auf der
Arbeitsfläche zu einem glatten Teig verkneten,
dabei
50 g Korinthen   unterkneten
den Teig dünn ausrollen, beliebige Motive
ausstechen, auf ein gefettetes Backblech legen
Ober-/Unterhitze   170–200 °C (vorgeheizt)
Heißluft   150–180 °C (nicht vorgeheizt)
Gas   Stufe 3–4 (vorgeheizt)
Backzeit   etwa 10 Minuten.

 Das Pfefferkuchengewürz besteht aus
Zimt, Koriander, Anis, Nelken, Piment,
Sternanis, Orangen- und Zitronen-
schale, Muskatnuß und Ingwer.

Makronenplätzchen

Für den Knetteig

25o g Weizenmehl	
½ gestr. TL Backpulver	mischen, in eine Rührschüssel sieben
75 g Zucker	
1 Pck. Vanillin-Zucker	
3 Eigelb	hinzufügen, mit Handrührgerät mit Knethaken zunächst kurz auf niedrigster, dann auf höchster Stufe gut durcharbeiten, anschließend auf der Arbeitsfläche zu einem glatten Teig verkneten, sollte er kleben, ihn eine Zeitlang kalt stellen den Teig dünn ausrollen, mit einer runden, gezackten Form (Ø etwa 4 cm) ausstechen, auf ein mit Backpapier belegtes Backblech legen.

Für die Makronenmasse

3 Eiweiß	mit Handrührgerät mit Rührbesen so steif schlagen, daß ein Messerschnitt sichtbar bleibt, darunter nach und nach
175 g Zucker	
1 Msp. gemahlenen Zimt	schlagen
2oo g abgezogene, gemahlene Mandeln	
2 Tropfen Bittermandel-Aroma	unterheben

die Masse in einen Spritzbeutel mit gezackter Lochtülle füllen, auf die Plätzchen spritzen, in den Backofen schieben

Ober-/Unterhitze	17o–2oo °C (vorgeheizt)
Heißluft	16o–18o °C (nicht vorgeheizt)
Gas	Stufe 3–4 (vorgeheizt)
Backzeit	etwa 1o Minuten.

 *Anstelle der gemahlenen Mandeln die gleiche Menge Kokosraspel verwenden.*

Teegebäck

25o g Weizenmehl	Für den Knetteig
1 gestr. TL Backpulver	mit
75 g Zucker	mischen, in eine Rührschüssel sieben
1 Pck. Vanillin-Zucker	
1 Prise Salz	
1 Ei	
125 g weiche Butter	
oder Margarine	

hinzufügen
die Zutaten mit Handrührgerät mit Knethaken
zunächst kurz auf niedrigster, dann auf höchster
Stufe gut durcharbeiten, anschließend auf der
Arbeitsfläche zu einem glatten Teig verkneten,
sollte er kleben, ihn eine Zeitlang kalt stellen
aus diesem Teig verschiedene Plätzchen
zubereiten:

Für Brezeln
aus dem Teig bleistiftdicke Rollen formen, zu
Brezeln legen, mit

Milch
bestreichen, in

Zucker
drücken, auf ein Backblech legen.

Für Fruchtplätzchen
den Teig dünn ausrollen, runde Plätzchen und
Ringe in gleicher Größe ausstechen, auf ein
Backblech legen
die erkalteten Plätzchen mit

Konfitüre
bestreichen, auf jedes Plätzchen einen mit

Puderzucker
bestäubten Ring legen.

Für gefüllte Plätzchen
den Teig dünn ausrollen, mit einer runden Form
Plätzchen ausstechen, auf ein Backblech legen, die
Hälfte der erkalteten Plätzchen auf der Unterseite
mit

Konfitüre oder Gelee
bestreichen, die übrigen darauf legen, mit

Puderzucker
bestäuben.

Für Zucker- oder Mandelplätzchen
den Teig dünn ausrollen, runde Plätzchen
ausstechen, auf ein Backblech legen, mit

Milch
bestreichen, mit

Zucker oder abgezogenen, gehackten, gehobelten oder gemahlenen Mandeln	bestreuen
Ober-/Unterhitze	17o–2oo °C (vorgeheizt)
Heißluft	15o–18o °C (nicht vorgeheizt)
Gas	Stufe 3–4 (vorgeheizt)
Backzeit	für jedes Gebäck 8–1o Minuten.

Zitronenherzen

(Eigelbverwertung)

	Für den Teig
3 Eigelb *125 g Zucker* *1 Pck. Vanillin-Zucker*	mit Handrührgerät mit Rührbesen auf höchster Stufe so lange schlagen, bis eine cremeartige Masse entstanden ist
3 Tropfen Zitronen-Aroma *1 Msp. Backpulver*	und so viel von
*2oo–25o g abgezogenen, gemahlenen Mandeln**	unterrühren, daß ein fester Brei entsteht von dem Rest der Mandeln so viel unterkneten, daß der Teig kaum noch klebt, ihn auf einer mit
abgezogenen, gemahlenen Mandeln	bestreuten Arbeitsfläche etwa ½ cm dick ausrollen, Herzen ausstechen, auf ein mit Backpapier belegtes Backblech legen
Ober-/Unterhitze	17o–2oo °C (vorgeheizt)
Heißluft	15o–18o °C (nicht vorgeheizt)
Gas	Stufe 3–4 (vorgeheizt)
Backzeit	etwa 1o Minuten.
	Für den Guß
1oo g Puderzucker *etwa 1 EL Zitronensaft*	sieben, mit glattrühren, so daß eine dickflüssige Masse entsteht sofort nach dem Backen die Plätzchen damit bestreichen.

* Die erforderliche Menge hängt von der Größe der Eier ab.

Kleingebäck und Kleinge-
drucktes haben eines ge-
meinsam: Es wird in seiner
Bedeutung meist unter-
schätzt! Denn was üppige
Torten und mächtige Kuchen
versprechen, hat auch jedes
Kleingebäck zu bieten – die
ganze Vielfalt traditioneller
und moderner Backkunst.
Und jedes fertige Teilchen ist
dabei im wahrsten Sinne des
Wortes ein echtes „Appetit-
häppchen". Aber das ist noch
nicht alles. Was wäre eine
Einladung zum Adventstee
ohne saftige Nuß-Plunderteil-
chen, Pfefferkuchenstreifen
oder Nürnberger Elisenleb-
kuchen? Einfach undenkbar!
Also nichts wie ran an den
Teig ...

Dukatenwürfel

(Foto Seite 4o/41)

Für den Rührteig

25o g weiche Butter oder Margarine	mit Handrührgerät mit Rührbesen auf höchster Stufe geschmeidig rühren
15o g Zucker 1 Pck. Vanillin-Zucker 1 Prise Salz	unterrühren, so lange rühren, bis eine gebundene Masse entstanden ist
4 Eier	nach und nach unterrühren (jedes Ei etwa ½ Minute)
175 g Weizenmehl 1 gestr. TL Backpulver	mit mischen, sieben, in zwei Portionen auf mittlerer Stufe unterrühren
1oo g Raspelschokolade 2oo g abgezogene, gemahlene Mandeln	unterheben den Teig auf ein gefettetes Backblech streichen
Ober-/Unterhitze	17o–2oo °C (vorgeheizt)
Heißluft	15o–18o °C (nicht vorgeheizt)
Gas	Stufe 3–4 (vorgeheizt)
Backzeit	etwa 2o Minuten.

Für den Guß

1oo g Vollmilch-Kuvertüre 1 TL Kokosfett	in kleine Stücke schneiden, mit in einem kleinen Topf im Wasserbad bei schwacher Hitze zu einer geschmeidigen Masse verrühren das erkaltete Gebäck damit bestreichen, sofort in kleine Quadrate (4 x 4 cm) schneiden, mit
Schokoladentalern (in Goldpapier gewickelt)	belegen, die Ränder um die Taler herum nach Belieben mit
Schokostreuseln	verzieren.

Pfefferkuchenstreifen

Für den Teig

15o g Sirup oder Honig
5o g Zucker
1oo g Butter

langsam erwärmen, zerlassen, in eine Rührschüssel geben, kalt stellen, unter die fast erkaltete
Masse mit Handrührgerät mit Rührbesen auf
höchster Stufe

3 Eigelb
1 EL Rum
1 Pck. Vanillin-Zucker
1 Pck. Pfefferkuchengewürz
1 Prise Salz
300 g Weizenmehl
2 gestr. TL Backpulver

rühren
mit
mischen, sieben, hinzufügen, mit Handrührgerät
mit Knethaken zunächst kurz auf niedrigster, dann
auf höchster Stufe durcharbeiten, anschließend auf
der Arbeitsfläche zu einem Teig verkneten, eine
Zeitlang kalt stellen, auf einem gefetteten
Backblech ausrollen

2oo g Aprikosenkonfitüre

durch ein Sieb streichen, auf den Teig streichen.

Für den Belag

2 Eiweiß
1oo g Zucker
125 g abgezogenen,
gemahlenen Mandeln
½ TL gemahlenem Zimt

mit

unter Rühren bei schwacher Hitze erhitzen,
erkalten lassen

1 Eiweiß

steif schlagen, unterziehen, die Masse auf der
Konfitüre verteilen

Ober-/Unterhitze
Heißluft
Gas
Backzeit

170–2oo °C (vorgeheizt)
15o–18o °C (nicht vorgeheizt)
Stufe 3–4 (vorgeheizt)
etwa 2o Minuten
Gebäck erkalten lassen, in Streifen schneiden.

Thorner Kathrinchen

75 g Honig	Für den Teig
6o g Zucker	mit
2 EL Wasser	
25 g weicher Butter	
oder Margarine	in einem kleinen Topf langsam erwärmen, zer-

in einem kleinen Topf langsam erwärmen, zerlassen, in eine Rührschüssel geben, kalt stellen
unter die fast erkaltete Masse mit Handrührgerät
mit Rührbesen auf höchster Stufe

1 Ei	
2 TL Lebkuchengewürz	
1 Pck. Feine Zitronenschale	
1 EL Rum	rühren
2oo g Weizenmehl	mit
1oo g Roggenmehl	
2 gestr. TL Backpulver	mischen, sieben, $\frac{2}{3}$ davon portionsweise auf

mischen, sieben, $\frac{2}{3}$ davon portionsweise auf
mittlerer Stufe unterrühren, den Teigbrei mit dem
Rest des Mehls auf der Arbeitsfläche zu einem
glatten Teig verkneten, dann dünn ausrollen,
Kathrinchen ausstechen oder rechteckige Plätzchen von etwa 1o x 6 cm ausschneiden, auf ein
gefettetes Backblech legen, mit

Kondensmilch	bestreichen, mit
abgezogenen,	
halbierten Mandeln	
Haselnußkernen	
Sonnenblumenkernen	belegen

belegen
die Nüsse und Mandeln nochmals mit
Kondensmilch bestreichen

Ober-/Unterhitze	etwa 2oo °C (vorgeheizt)
Heißluft	etwa 18o °C (nicht vorgeheizt)
Gas	Stufe 3–4 (vorgeheizt)
Backzeit	1o–12 Minuten.

*Es gibt spezielle Kathrinchenformen,
sie werden als Katzenzungenform
oder als an das Gewand von
Nonnen erinnernd beschrieben.*

Nuß-Plunderteilchen

375 g Weizenmehl 1 Pck. Trockenhefe 5o g Zucker 1 Pck. Vanillin-Zucker 5o g zerlassene, lauwarme Butter oder Margarine 1 Ei 2oo ml Milch	Für den Plunderteig in eine Rührschüssel sieben, mit sorgfältig mischen  hinzufügen die Zutaten mit Handrührgerät mit Knethaken zuerst auf der niedrigsten, dann auf der höchsten Stufe in etwa 5 Minuten zu einem Teig verarbeiten den Teig auf der gut mit
Weizenmehl	bestäubten Arbeitsfläche zu einem Rechteck von 5o x 4o cm ausrollen, von
15o g weicher Butter	die Hälfte darauf streichen von der Arbeitsfläche den linken Teil der langen Seite zu 2/3 und den rechten Teil zu 1/3 so zusammenlegen, daß beide Kanten von der längeren Seite zu Hälfte übereinanderschlagen, etwa 15 Minuten im Kühlschrank ruhen lassen den Vorgang unter Verarbeitung der restlichen Butter wiederholen, den Teig nochmals etwa 15 Minuten in den Kühlschrank stellen den Teig halbieren, die Hälfte zu einem Quadrat von 36 x 36 cm ausrollen, in 12 x 12 cm große Quadrate schneiden.
	Für die Füllung
2oo g gemahlene Haselnußkerne 1oo g Zucker 4 Tropfen Bittermandel- Aroma 4 EL Rum	mit zu einer streichfähigen Masse verrühren auf die Mitte jeden Teigquadrates etwas von der Füllung geben die Teigränder mit
1 verschlagenem Eiweiß	bestreichen die Teigquadrate zu Dreiecken zusammenklappen, auf ein gut gefettetes Backblech legen, etwa 3o Minuten bei Zimmertemperatur stehen lassen

1 Eigelb	mit
1 EL Milch	verschlagen, die Teigdreiecke damit bestreichen,
	das Backblech in den Backofen schieben
Ober-/Unterhitze	etwa 2oo °C (vorgeheizt)
Heißluft	etwa 18o °C (nicht vorgeheizt)
Gas	etwa Stufe 4 (vorgeheizt)
Backzeit	etwa 15 Minuten.

Zum Aprikotieren

2 EL Aprikosenkonfitüre	durch ein Sieb streichen, mit
2 EL Wasser	unter Rühren zum Kochen bringen
	die Plunderteilchen sofort nach dem Backen damit
	bestreichen.

Zum Glasieren

6o g Puderzucker	sieben, mit
2 EL Rum	verrühren, die Plunderteilchen damit bestreichen.

Das Gebäck vor dem Backen mit gehobelten Mandeln und Zimt-Zucker bestreuen. Dann nach dem Backen nicht mehr aprikotieren.

Marzipan-Mandel-Törtchen

(Für 12–14 Stück)	
2oo g Marzipan-Rohmasse	Für den Marzipan-Biskuitteig mit Handrührgerät mit Rührbesen gut verrühren, nach und nach
75 g Zucker 2 Eier 2 Eigelb	unterrühren, so lange rühren, bis eine cremige Masse entstanden ist
2 Eiweiß	steif schlagen
3o g Zucker	unterschlagen, auf die Eiercreme geben
1oo g Weizenmehl	mit
1 Msp. Backpulver	mischen, auf das Eiweiß sieben, mit
3o g gehacktem Orangeat	unterheben, den Teig in gut gefettete, mit
3o g abgezogenen, gehobelten Mandeln	ausgestreute Förmchen (Ø etwa 8 cm, Höhe 3–4 cm) füllen, mit
2–3 EL abgezogenen, gehobelten Mandeln	bestreuen die Förmchen auf dem Backblech in den Backofen schieben
Ober-/Unterhitze	180–2oo °C (vorgeheizt)
Heißluft	–
Gas	Stufe 3–4 (vorgeheizt)
Backzeit	etwa 2o Minuten.
	Zum Aprikotieren
3 EL Aprikosenkonfitüre	durch ein Sieb streichen, mit
3 EL Rum 1 EL Wasser	verrühren, die erkalteten Törtchen damit bestreichen, etwas antrocknen lassen, in gut schließenden Dosen aufbewahren.

Nuß- oder Kokosecken

Für den Knetteig

15o g Weizenmehl	mit
½ gestr. TL Backpulver	mischen, in eine Rührschüssel sieben
65 g Zucker	
1 Pck. Vanillin-Zucker	
1 Ei	
65 g weiche Butter	
oder Margarine	hinzufügen

die Zutaten mit Handrührgerät mit Knethaken
zunächst kurz auf niedrigster, dann auf höchster
Stufe gut durcharbeiten, anschließend auf der
Arbeitsfläche zu einem glatten Teig verkneten,
sollte er kleben, ihn eine Zeitlang kalt stellen
den Teig zu einem Rechteck von etwa 32 x 24 cm
auf einem gefetteten Backblech ausrollen, mit

2 EL Aprikosenkonfitüre · bestreichen.

Für den Belag

1oo g Margarine	mit
1oo g Zucker	
1 Pck. Vanillin-Zucker	
2 EL Wasser	langsam erwärmen, zerlassen
75 g gemahlene und	
125 g gehobelte Hasel-	
nußkerne oder	
2oo g Kokosraspel	unterrühren, kurz aufkochen, etwas abkühlen

lassen, gleichmäßig auf den Teig verteilen, vor den
Teig ein mehrfach umgeknicktes Stück Alufolie
legen

Ober-/Unterhitze	17o–2oo °C (vorgeheizt)
Heißluft	15o–18o °C (nicht vorgeheizt)
Gas	Stufe 3–4 (vorgeheizt)
Backzeit	2o–3o Minuten

das Gebäck abkühlen lassen, zuerst in Vierecke
(8 x 8 cm), dann in Dreiecke schneiden.

Für den Guß

5o g Halbbitter-Kuvertüre · in einem kleinen Topf im Wasserbad bei
schwacher Hitze zu einer geschmeidigen Masse
verrühren, die beiden spitzen Ecken hineintauchen.

Kirsch-Sahne-Törtchen

Für den Knetteig

250 g Weizenmehl
1 Msp. Backpulver
100 g Zucker
1 Pck. Vanillin-Zucker
1 Eigelb
1 Prise Salz
175 g weiche Butter
oder Margarine

mit
mischen, in eine Rührschüssel sieben

hinzufügen
die Zutaten mit Handrührgerät mit Knethaken
zunächst kurz auf niedrigster, dann auf höchster
Stufe gut durcharbeiten, anschließend auf der
Arbeitsfläche zu einem glatten Teig verkneten, evtl.
kalt stellen
den Teig etwa 3 mm dick ausrollen, mit einer
runden Form (ø 6 cm) ausstechen, auf ein
Backblech legen.

Für den Belag

1 Eiweiß
1 TL Wasser

Hagelzucker
Ober-/Unterhitze
Heißluft
Gas
Backzeit

mit
verschlagen, die Hälfte der Teigplätzchen dünn
damit bestreichen, mit
bestreuen
170–200 °C (vorgeheizt)
150–180 °C (nicht vorgeheizt)
Stufe 3–4 (vorgeheizt)
etwa 10 Minuten.

Für die Füllung

200–250 ml Schlagsahne
1 Pck. Sahnesteif
etwa 1 EL Zucker

½ Minute schlagen
mit
mischen, einstreuen, die Sahne steif schlagen
den Rand, der nicht mit Hagelzucker bestreuten
Plätzchen, mit Schlagsahne bespritzen, in die Mitte
etwas

Sauerkirschkompott
(angedickt mit etwas
Speisestärke)

füllen, darauf je ein mit Hagelzucker bestreutes
Plätzchen legen.

Nürnberger Elisenlebkuchen

(Teig für etwa 4o Oblaten,
Durchmesser etwa 6 cm)

Für den Teig

75 g Orangeat oder Zitronat (Sukkade)	sehr fein würfeln
125 g nicht abgezogene Mandeln	mahlen
2 Eier	mit Handrührgerät mit Rührbesen auf höchster Stufe in 1 Minute schaumig schlagen
2oo g Farin-Zucker	mit
1 Pck. Vanillin-Zucker	mischen, in 1 Minute einstreuen, dann noch etwa 2 Minuten schlagen
1 Msp. gemahlene Nelken ½ Fläschchen Rum-Aroma 1–2 Tropfen Zitronen-Aroma 1 Msp. Backpulver	unterrühren, die Mandeln mit mischen, mit dem Orangeat (Zitronat) und so viel von
75–125 g gemahlenen Haselnußkernen*	kurz auf niedrigster Stufe unter die Eiercreme rühren, so daß der Teig noch streichfähig ist, auf jede von
4o Oblaten	einen gehäuften Teelöffel des Teiges geben, mit einem in Wasser getauchten Messer bergförmig verstreichen, auf ein Backblech geben
Ober-/Unterhitze	13o–15o °C (vorgeheizt)
Heißluft	etwa 12o °C (nicht vorgeheizt)
Gas	Stufe 1–2 (vorgeheizt)
Backzeit	25–3o Minuten.

Für den hellen Guß

15o g Puderzucker	sieben, mit
1–2 EL heißem Wasser	glattrühren, so daß eine dickflüssige Masse entsteht.

Für den dunklen Guß

75 g Schokolade	mit
1o g Kokosfett	in einem kleinen Topf im Wasserbad bei schwacher Hitze zu einer geschmeidigen Masse verrühren die Hälfte der Lebkuchen gleich nach dem Backen mit hellem, den Rest mit dunklem Guß bestreichen.

* Die erforderliche Menge Haselnußkerne hängt von
  der Größe der Eier ab.

Zu Weihnachten, das war schon immer so, da wird nicht gespart. Es wird geschlemmt! Küchen und Keller müssen hergeben, was immer sie können. Und das gilt auch für die Backstube. Wer sonst eifrig das ganze Jahr über jedes überflüssige Gramm Fett vermeidet, der vergißt angesichts all der wunderbaren Weihnachtskuchen doch prompt die Kalorientabelle. Wahrer Genuß ist eben tatsächlich nicht meßbar – aber erfahrbar! Stollen, Früchtebrot und Honigkranz gehören einfach zum Fest. Außerdem, Nikolaus und Christkind kommen schließlich nur einmal im Jahr, da darf es dann zur Feier des Tages auch schon mal eine Baumkuchenschnitte mehr sein.

Tarte à l'orange

(Foto Seite 54/55)

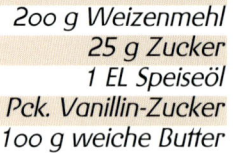

	Für den Knetteig
200 g Weizenmehl	in eine Rührschüssel sieben
25 g Zucker	
1 EL Speiseöl	
1 Pck. Vanillin-Zucker	
100 g weiche Butter	
oder Margarine	hinzufügen

die Zutaten mit Handrührgerät mit Knethaken
zunächst auf niedrigster, dann auf höchster Stufe
gut durcharbeiten, anschließend auf der
Arbeitsfläche zu einem glatten Teig verkneten,
sollte er kleben, ihn eine Zeitlang kalt stellen
eine Tarteform (Ø 26 cm) ausfetten, den Teig zu
einer Platte (Ø 30 cm) ausrollen
die Tarteform damit auslegen, den Teigboden
mehrmals mit einer Gabel einstechen.

Für den Belag
den Teigboden mit

2–3 EL Orangenmarmelade	bestreichen
125 ml (⅛ l) Schlagsahne	mit
50 g Zucker	
3 Eiern	
abgeriebener Schale von	
1 Orange (unbehandelt)	verrühren, in die Form geben
5 Orangen	schälen, so daß die Haut entfernt wird, in Scheiben

schneiden, schuppenförmig in Kreisen auf den Guß
legen

Ober-/Unterhitze	200–220 °C (vorgeheizt)
Heißluft	180–200 °C (nicht vorgeheizt)
Gas	etwa Stufe 4 (nicht vorgeheizt)
Backzeit	etwa 30 Minuten

die Tarte in der Form auf einem Rost auskühlen
lassen, nach dem Auskühlen in der Form
schneiden, mit

Puderzucker	bestäuben.

Marzipanstollen

Für den Hefeteig

375 g Rosinen | mit
4 EL Rum | beträufeln, mehrere Stunden (am besten über Nacht) stehen lassen

1 Pck. Trockenhefe | mit
1 TL Zucker | in einem Schälchen mit
15o ml lauwarmer Milch | sorgfältig anrühren, etwa 15 Minuten bei Zimmertemperatur stehen lassen

375 g Weizenmehl | in eine Rührschüssel sieben, in die Mitte eine Vertiefung eindrücken

75 g Zucker
1 Pck. Vanillin-Zucker
je 2 Msp. gemahlenen Kardamom und gemahlene Muskatblüte
1 Ei
15o g sehr weiche Margarine oder Butter

an den Rand des Mehls geben
die angesetzte Hefe in die Vertiefung geben
die Zutaten mit Handrührgerät mit Knethaken zunächst auf niedrigster, dann auf höchster Stufe in etwa 5 Minuten zu einem Teig verarbeiten
den Teig zugedeckt so lange an einem warmen Ort stehen lassen, bis er sich sichtbar vergrößert hat, ihn auf der Arbeitsfläche nochmals kurz durchkneten, dabei Rum-Rosinen,

1oo g gewürfeltes Zitronat (Sukkade)
1oo g abgezogene, gehackte Mandeln | unterkneten
den Teig zu einem Rechteck (3o x 2o cm) ausrollen

2oo g Marzipan-Rohmasse | gut durchkneten, zu einem Rechteck (3o x 15 cm) ausrollen, dieses so auf die Teigplatte legen, daß an den Längsseiten etwas Teig frei bleibt
den Teig von der längeren Seite her nicht zu locker aufrollen, zu einem Stollen formen
den Stollen auf ein mit doppeltem Backpapier belegtes Backblech legen, nochmals so lange an einem warmen Ort gehen lassen, bis er sich sichtbar vergrößert hat

(Fortsetzung Seite 58)

Ober-/Unterhitze	Vorheizen etwa 25o °C, backen 15o–17o °C
Heißluft	Vorheizen etwa 22o °C, backen etwa 15o °C
Gas	Stufe 2–3 (vorgeheizt)
Backzeit	45–55 Minuten
	den Stollen nach dem Backen mit der Häfte von
1oo g zerlassener Butter	bestreichen, mit
Puderzucker	bestäuben, etwas abkühlen lassen, den Vorgang
	wiederholen.

Englischer Weihnachtskuchen

	Für den Rührteig
25o g weiche Margarine	mit Handrührgerät mit Rührbesen auf höchster
	Stufe geschmeidig rühren, nach und nach
25o g Farinzucker	
1 Pck. Bourbon	
Vanille-Zucker	
1 Beutel	
Jamaica-Rum-Aroma	
½ Fläschchen	
Zitronen-Aroma	
3 EL Rum	
1 Pck. Feine Zitronenschale	
½ TL gemahlenen Zimt	
1 Msp. geriebene Muskatnuß	unterrühren, so lange rühren, bis eine gebundene
	Masse entstanden ist
	nach und nach unterrühren
	(jedes Ei etwa ½ Minute)
5 Eier	
25o g Weizenmehl	mit
1 gestr. TL Backpulver	mischen, sieben, portionsweise auf mittlerer Stufe
	unterrühren, zuletzt
3oo g Rosinen	
3oo g Korinthen	
1oo g feingehacktes	
Zitronat (Sukkade)	
1oo g feingehacktes	
Orangeat	

(Fortsetzung Seite 6o)

5o g abgezogene, gehackte Mandeln	
15o g rote, in Stücke geschnittene Belegkirschen	unterrühren, den Teig in eine Springform (Ø 24 cm, Boden gefettet) füllen
Ober-/Unterhitze	150–16o °C (vorgeheizt)
Heißluft	etwa 13o °C (nicht vorgeheizt)
Gas	Stufe 2–3 (nicht vorgeheizt)
Backzeit	etwa 2 ¾ Stunden
	das Gebäck aus der Form lösen.

Zum Aprikotieren

4 EL Aprikosenkonfitüre	durch ein Sieb streichen, das Gebäck sofort nach dem Backen damit bestreichen, erkalten lassen.

Für die Marzipandecke und den Marzipanrand mit

2oo g Marzipan-Rohmasse	
1oo g gesiebtem Puderzucker	verkneten, dünn ausrollen, eine Platte (Ø 24 cm) daraus schneiden, auf das Gebäck legen, aus dem Marzipanrest einen Streifen in Höhe des Gebäckrandes schneiden, um das Gebäck legen.

Für den Guß

3oo g Puderzucker	sieben, mit soviel von
1–2 Eiweiß	verrühren, daß ein dickflüssiger Guß entsteht das Gebäck damit überziehen, nach Belieben mit
kandierten Früchten Zitronat	garnieren.

Marzipan-Quarkstollen

375 g Rosinen	mit
1oo ml Rum	übergießen, durchziehen lassen (am besten über Nacht).

Für den Teig mit

375 g Weizenmehl	
4 gestr. TL Backpulver	mischen, in eine Rührschüssel sieben
125 g Zucker	
1 Pck. Vanillin-Zucker	

1 Fläschchen
Butter-Vanille-Aroma
je 1 Msp.
gemahlenen Kardamom
und gemahlene Muskatblüte
abgeriebene Schale
von ½ Orange (unbehandelt)
2oo g Magerquark
1 Ei, 1 Eigelb
15o g weiche Butter
oder Margarine

hinzufügen
die Zutaten mit Handrührgerät mit Knethaken
zunächst kurz auf niedrigster, dann auf höchster
Stufe in etwa 5 Minuten gut durcharbeiten,
anschließend auf die Arbeitsfläche geben
Teig evtl. leicht mit Mehl bestäuben, eine Mulde
hineindrücken

1oo g feingehacktes
Zitronat (Sukkade)
2oo g abgezogene,
gemahlene Mandeln

und die Rum-Rosinen hinzufügen, zu einem glatten
Teig verkneten, den Teig zu einem Rechteck
(3o x 2o cm) ausrollen.

Für die Füllung

2oo g Marzipan-Rohmasse

gut durchkneten, zu einem Rechteck (3o x 15 cm)
ausrollen, das Marzipan so auf den Teig legen, daß
an den Längsseiten etwas Teig frei bleibt, Teig von
der längeren Seite nicht zu locker aufrollen, zu
einem Stollen formen, auf ein mit Backpapier
(dreifach, der Stollen wird sonst unten zu dunkel)
belegtes Backblech legen

Ober-/Unterhitze
Heißluft

Gas
Backzeit

auf 25o °C vorheizen, backen bei 16o–18o °C
auf etwa 2oo °C vorheizen, backen bei
etwa 15o °C
Stufe 2–3 (vorgeheizt)
5o–6o Minuten
Stollen sofort nach dem Backen mit der Hälfte von

1oo g zerlassener Butter
Puderzucker

bestreichen, mit
bestäuben, etwas abkühlen lassen, den Vorgang
wiederholen.

Quark-Sahne-Schnitten

Für den Biskuitteig

3 Eier	
4–5 EL heißes Wasser	mit Handrührgerät mit Rührbesen auf höchster Stufe in 1 Minute schaumig schlagen
15o g Zucker	mit
1 Pck. Vanillin-Zucker	mischen, in 1 Minute einstreuen, dann noch etwa 2 Minuten schlagen
1oo g Weizenmehl	
5o g Speisestärke	
1 gestr. TL Backpulver	mischen, die Hälfte davon auf die Eiercreme sieben, kurz auf niedrigster Stufe unterrühren, den Rest des Mehlgemisches auf die gleiche Weise unterarbeiten

den Teig auf ein gefettetes, mit Backpapier belegtes Backblech streichen, das Papier unmittelbar vor dem Teig zu einer Falte knicken, so daß ein Rand entsteht, sofort backen

Ober-/Unterhitze	2oo–22o °C (vorgeheizt)
Heißluft	–
Gas	Stufe 3–4 (vorgeheizt)
Backzeit	1o–15 Minuten

den Biskuit sofort nach dem Backen auf ein mit

Zucker	bestreutes Küchentuch stürzen, das Backpapier mit kaltem Wasser bestreichen, vorsichtig, aber schnell abziehen

den Biskuit quer halbieren, abkühlen lassen.

Für die Füllung

etwa 2oo g Mandarinen-spalten (Dose)	abtropfen lassen, den Saft auffangen, 6 Eßlöffel davon abmessen
1 Pck. Gelatine gemahlen, weiß	in einem kleinen Topf mit dem abgemessenen Saft anrühren, 1o Minuten zum Quellen stehen lassen
5oo g Magerquark	mit
15o g Zucker	
1 Pck. Vanillin-Zucker	
2 Eigelb	
abgeriebener Schale von ½ Zitrone (unbehandelt)	
2 EL Zitronensaft	verrühren

(Fortsetzung Seite 64)

	die Gelatine unter Rühren erwärmen, bis sie gelöst ist, unter den Quark rühren
250 ml (¼ l) Schlagsahne *2 Eiweiß*	beides getrennt steif schlagen, mit den Mandarinenspalten unter die Quarkmasse heben die Füllung auf eine der Biskuithälften streichen, mit der anderen Hälfte bedecken (die untere Seite nach oben), leicht andrücken die Seiten glattstreichen, das Gebäck kalt stellen, bis es schnittfest ist die Oberfläche des Gebäcks mit
Puderzucker	bestäuben, in beliebig große Schnitten schneiden.

Früchtebrot

125 g Haselnußkerne	halbieren
125 g getrocknete Feigen	in Würfel schneiden
3 Eier	mit Handrührgerät mit Rührbesen auf höchster Stufe schaumig schlagen, nach und nach
125 g Zucker *1 Pck. Vanillin-Zucker*	hinzugeben, so lange schlagen, bis eine cremeartige Masse entstanden ist
½ Fläschchen Rum-Aroma *1 Msp. gemahlenen Zimt*	unterrühren Haselnußkerne und Feigen zusammen mit
250 g Rosinen *60 g abgezogenen, gehackten Mandeln* *125 g gewürfeltem Zitronat (Sukkade)* *125 g Weizenmehl* *50 g Speisestärke*	unter die Eiermasse rühren mit
1 gestr. TL Backpulver	mischen, sieben, portionsweise unterrühren den Teig in eine Kastenform (30 x 11 cm, gefettet, mit Backpapier belegt) füllen
Ober-/Unterhitze *Heißluft* *Gas* *Backzeit*	170–200 °C (vorgeheizt) 160–180 °C (nicht vorgeheizt) Stufe 3–4 (nicht vorgeheizt) 70–90 Minuten.

Thüringer Mohnkuchen

3oo g Weizenmehl 1 Pck. Trockenhefe 5o g Zucker 1 Pck. Vanillin-Zucker 1 Prise Salz 75 g zerlassene, abgekühlte Butter 2oo ml lauwarme Milch	**Für den Hefeteig** in eine Rührschüssel sieben, mit sorgfältig vermischen hinzufügen, alle Zutaten mit Handrührgerät mit Knethaken zunächst auf niedrigster, dann auf höchster Stufe in etwa 5 Minuten zu einem glatten Teig verarbeiten Teig so lange an einem warmen Ort gehen lassen, bis er sich sichtbar vergrößert hat.
25o g gemahlenen Mohn	**Für den Belag** mit heißem Wasser übergießen, auf einem Sieb gut abtropfen lassen
1 Pck. Pudding-Pulver Vanille-Geschmack 5o g Grieß 2oo g Zucker 75o ml (¾ l) kalter Milch	 mit mischen, mit 8 Eßlöffeln von anrühren, die übrige Milch zum Kochen bringen, von der Kochstelle nehmen, die angerührte Mischung unter Rühren hineingeben, kurz aufkochen lassen Mohn,
5o g Rosinen 2–3 Tropfen Zitronen-Aroma	unterrühren den gegangenen Teig auf der Arbeitsfläche nochmals kurz durchkneten, in einer gefetteten Fettpfanne (etwa 38 x 32 cm) ausrollen die Hälfte der Mohnmasse auf den Teig streichen, unter den Rest
2 Eigelb 2 Eischnee	rühren steif schlagen, vorsichtig unterziehen, auf die Mohnmasse streichen Teig nochmals an einem warmen Ort gehen lassen
Ober-/Unterhitze Heißluft Gas Backzeit	2oo–22o °C (vorgeheizt) 18o–2oo °C (nicht vorgeheizt) Stufe 3–4 (vorgeheizt) 25–3o Minuten.

Baumkuchenschnitten

5 Eiweiß	Für den Rührteig steif schlagen
25o g weiche Butter	mit Handrührgerät mit Rührbesen auf höchster Stufe geschmeidig rühren
2oo g Zucker 1 Pck. Vanillin-Zucker	
5 Eigelb	nach und nach hinzufügen (jedes Eigelb knapp ½ Minute)
125 g Weizenmehl	mit
75 g Speisestärke	mischen, sieben, mit
1oo g abgezogenen, gemahlenen Mandeln	vermengen, portionsweise auf mittlerer Stufe unter den Teig rühren
je 1 Msp. gemahlenen Kardamom und Zimt 1 EL Rosenwasser	
1 EL Rum	hinzufügen, zum Schluß den Eischnee vorsichtig unterheben ½ Backblech mit Backpapier belegen, eine dünne Teigschicht mit dem Teigschaber aufstreichen
Ober-/Unterhitze	etwa 22o °C (vorgeheizt)
Heißluft	etwa 2oo °C (nicht vorgeheizt)
Gas	etwa Stufe 4 (vorgeheizt)
Backzeit	etwa 5 Minuten das Backblech herausnehmen, eine zweite Schicht aufstreichen, nochmals backen auf diese Weise nacheinander 6–8 Schichten backen das Gebäck aus dem Backofen nehmen, auf die Arbeitsfläche stürzen, das Backpapier abziehen, sofort in Rechtecke schneiden, abkühlen lassen.
2oo g Kuvertüre	Für den Guß in kleine Stücke schneiden, in einem kleinen Topf im Wasserbad bei schwacher Hitze geschmeidig rühren die Baumkuchenschnitten mit einer Gabel in die Kuvertüre tauchen, abtropfen lassen, auf ein Kuchenrost setzen mit einer Gabel Linien auf die Oberfläche drücken, trocknen lassen, in einer gut schließenden Dose aufbewahren.

Hutzelbrot

2oo g getrocknete Birnen
25o g entsteinte,
getrocknete Pflaumen
175 g getrocknete Feigen
5oo ml (½ l) Wasser

mit
übergießen, über Nacht zum Quellen stehen lassen
gequollenes Obst zum Kochen bringen, 2 Minuten
kochen lassen, auf ein Sieb geben (Wasser auffangen), erkalten lassen, in kleine Stücke schneiden.

Für den Teig

25o g Weizenmehl
1 Pck. Backpulver

mit
mischen, in eine Rührschüssel sieben

5o g Zucker
1 Pck. Vanillin-Zucker
3 Tropfen Zitronen-Aroma
je 1 Msp. gemahlenen Ingwer
und gemahlene Nelken
2 Msp. gemahlenen Zimt
1 EL Kirschwasser
2 EL erkaltetes Trocken-
obstkochwasser

hinzufügen
die Zutaten mit Handrührgerät mit Knethaken
zunächst kurz auf niedrigster, dann auf höchster
Stufe zu einem dicken Brei verarbeiten, auf die
leicht mit Mehl bestäubte Arbeitsfläche geben,
darauf das kleingeschnittene Obst,

75 g grobgehackte
Haselnußkerne
75 g gewürfeltes Zitronat
(Sukkade)
1oo g Rosinen

geben, zu einem zusammenhängenden Teig verkneten, sollte er kleben, noch etwas Mehl hinzufügen, den Teig zu einem länglichen Laib formen,
auf ein mit Backpapier belegtes Backblech legen.

Zum Bestreichen

1 gestr. TL Kartoffelmehl
3 EL kaltem Wasser

mit
anrühren, unter Rühren kurz aufkochen lassen
den Teig damit bestreichen

Ober-/Unterhitze
Heißluft
Gas
Backzeit

etwa 17o °C (vorgeheizt)
etwa 15o °C (nicht vorgeheizt)
etwa Stufe 3 (vorgeheizt)
5o–6o Minuten.

Würziger Honigkuchen

	Für den Honigteig
175 g Honig	kurz aufkochen lassen, kalt stellen
2oo g Zucker	mit
1 Pck. Vanillin-Zucker	
3 Eiern	
1 gut gehäuften TL	
gemahlenem Zimt	
1 Msp. gemahlenen Nelken	
abgeriebener Schale	
von ½ Zitrone (unbehandelt)	

nach und nach mit Handrührgerät mit Rührbesen
auf höchster Stufe unterrühren

5oo g Weizenmehl	mit
1 Pck. Backpulver	mischen, sieben, portionsweise auf mittlerer Stufe

unterrühren, den Teig auf ein gefettetes Backblech
geben, leicht mit Mehl bestäuben, etwa 1 cm dick
ausrollen, in Abständen so mit

etwa 1oo g geviertelten
Walnußkernen

belegen, daß sich nach dem Schneiden die Nüsse
in der Mitte der einzelnen Stücke befinden (Größe
nach Belieben)

Ober-/Unterhitze	17o–2oo °C (vorgeheizt)
Heißluft	16o–18o °C (nicht vorgeheizt)
Gas	Stufe 3–4 (vorgeheizt)
Backzeit	15–2o Minuten.

Für den Guß

5o g Zucker	mit
2 EL Wasser	zum Kochen bringen, unter ständigem Rühren

etwa 1 Minute kochen lassen
das noch warme Gebäck mit dem Guß
bestreichen, nach dem Erkalten in Stücke
schneiden.

*Statt der Walnußkerne können
Sie auch Haselnüsse verwenden.
Die Haselnüsse dann halbieren.*

*F*este wollen gefeiert sein und Weihnachten ganz besonders. Zum strahlenden Licherglanz von Advents- kranz und Christbaum gehört traditionsgemäß die große Torte. Üppig gefüllt und reich verziert, nach klassischem oder auch modernem Rezept gezaubert, ist sie Stück für Stück ein Geschenk des Himmels. Aber auch in der Vorweihnachtszeit macht das Backen von Torten zu jedem Advent Spaß. Und damit Sie Ihren Gästen so einiges präsentieren können, haben wir im folgenden Kapitel einige weihnachtliche Torten für Sie zusammengestellt.

Apfel-Makronen-Torte

(Foto Seite 7o/71)

	Für den Rührteig
1oo g weiche Margarine	mit Handrührgerät mit Rührbesen auf höchster Stufe geschmeidig rühren, nach und nach
1oo g Zucker *1 Pck. Vanillin-Zucker* *1 Prise Salz*	unterrühren, so lange rühren, bis eine gebundene Masse entstanden ist
2 Eier	nach und nach unterrühren (jedes Ei etwa ½ Minute)
1 TL gemahlenen Zimt *2–3 EL Rum*	unterrühren
15o g Weizenmehl	mit
1 gestr. TL Backpulver	mischen, sieben, portionsweise auf mittlerer Stufe unterrühren den Boden einer Springform (Ø 26 cm, Boden gefettet), mit
3o g abgezogenen, gemahlenen Mandeln	bestreuen, den Teig einfüllen, glattstreichen.
	Für den Belag
2 Äpfel (etwa 4oo g)	schälen, vierteln, entkernen, achteln, auf den Teig legen.
	Für die Makronenmasse
4 Eiweiß	mit Handrührgerät mit Rührbesen auf höchster Stufe steif schlagen, nach und nach
2oo g gesiebten Puderzucker *2 TL gemahlenen Zimt*	unterschlagen, zuletzt
2oo g abgezogene, gemahlene Mandeln	vorsichtig unterrühren die Masse in der Form verteilen die Form mit Alufolie abdecken (glänzende Seite nach innen)
Ober-/Unterhitze	etwa 18o °C (vorgeheizt)
Heißluft	etwa 16o °C (nicht vorgeheizt)
Gas	etwa Stufe 3 (nicht vorgeheizt)
Backzeit	etwa 7o Minuten (nach etwa 45 Minuten Backzeit Folie entfernen) den Kuchen aus der Form lösen, auf einem Kuchenrost erkalten lassen.

	Zum Verzieren
3 Blatt weiße Gelatine	in
etwas kaltem Wasser	etwa 1o Minuten einweichen, ausdrücken, auflösen
4oo–5oo ml Schlagsahne	fast steif schlagen
	die lauwarme Gelatinelösung unterrühren
	die Sahne vollkommen steif schlagen
	den Rand und die Oberfläche der Torte mit der Sahne bestreichen, wellenförmig verzieren, kalt stellen
	die Torte kurz vor dem Verzehr mit
gemahlenem Zimt	bestreuen, nach Belieben mit
Zuckerperlen	garnieren.

Schokoladen-Weihnachtstorte

	Für den Knetteig
15o g Weizenmehl	in eine Rührschüssel sieben
4o g Zucker	
1 Prise Salz	
1oo g Margarine oder Butter	hinzufügen
	die Zutaten mit Handrührgerät mit Knethaken zunächst kurz auf niedrigster, dann auf höchster Stufe gut durcharbeiten, anschließend auf der Arbeitsfläche zu einem glatten Teig verkneten, sollte er kleben, ihn eine Zeitlang kalt stellen (2o–3o Minuten)
	den Teig auf dem Boden einer Springform (Ø 28 cm, Boden gefettet) ausrollen, mehrmals mit einer Gabel einstechen, mit Springformrand backen
Ober-/Unterhitze	2oo–22o °C (vorgeheizt)
Heißluft	18o–2oo °C (nicht vorgeheizt)
Gas	Stufe 3–4 (vorgeheizt)
Backzeit	etwa 15 Minuten
	sofort nach dem Backen den Boden lösen, aber erst nach dem Erkalten auf eine Tortenplatte legen.

(Fortsetzung Seite 74)

	Für den dunklen Rührteig
125 g Margarine oder Butter	mit Handrührgerät mit Rührbesen auf höchster Stufe geschmeidig rühren, nach und nach
15o g Zucker	
1 Pck. Vanillin-Zucker	
1 Prise Salz	unterrühren, so lange rühren, bis eine gebundene Masse entstanden ist
3 Eier	nach und nach unterrühren (jedes Ei etwa ½ Minute)
1oo g Weizenmehl	mit
3o g Speisestärke	
1o g Kakao	
3 gestr. TL Backpulver	mischen, sieben, abwechselnd portionsweise mit
1 EL Wasser	auf mittlerer Stufe unterrühren den Teig in die gefettete Springform füllen
Ober-/Unterhitze	etwa 18o °C (vorgeheizt)
Heißluft	etwa 16o °C (nicht vorgeheizt)
Gas	etwa Stufe 3 (vorgeheizt)
Backzeit	etwa 3o Minuten den ausgekühlten Boden einmal durchschneiden.
	Für den hellen Rührteig
65 g Margarine oder Butter	mit Handrührgerät mit Rührbesen auf höchster Stufe geschmeidig rühren, nach und nach
65 g Zucker	
1 Pck. Vanillin-Zucker	
1 Prise Salz	unterrühren, so lange rühren, bis eine gebundene Masse entstanden ist
2 Eier	nach und nach unterrühren (jedes Ei etwa ½ Minute)
65 g Weizenmehl	mit
1½ gestr. TL Backpulver	mischen, sieben, unterrühren, den Teig in die vorbereitete Springform füllen
Ober-/Unterhitze	etwa 18o °C (vorgeheizt)
Heißluft	etwa 16o °C (nicht vorgeheizt)
Gas	etwa Stufe 3 (vorgeheizt)
Backzeit	etwa 2o Minuten.
	Für die Schokoladenblätter
je 75 g Halbbitter-, Vollmilch- und Weiße Kuvertüre	nach Anleitung mit
je 5 g Margarine	auflösen, auf eine Platte streichen, fest werden lassen, mit einem Spachtel zu Blättern schaben.

Für die Zuckerlösung

125 ml (⅛ l) Wasser mit
60 g Zucker aufkochen
5 EL Himbeergeist unterrühren.

Für die Buttercreme

350 g Butter mit
100 g Margarine mit Handrührgerät mit Rührbesen geschmeidig rühren
Mark von 2 Vanilleschoten hinzufügen
5 Eier mit
150 g Zucker im Wasserbad in etwa 5 Minuten zu einer dicklichen Masse aufschlagen, etwa 5 Minuten kalt schlagen, mit der Buttermasse verrühren.

Den Knetteigboden mit
50 g aufgelöster Kuvertüre bestreichen, mit einem der dunklen Böden bedecken, mit ⅓ der Zuckerlösung tränken, mit
2 EL Waldfruchtkonfitüre bestreichen, dann ⅓ der Buttercreme darauf verteilen, den hellen Boden darauf legen, tränken und wie den dunklen Boden bestreichen
den dunklen Boden darauf legen, andrücken und tränken
mit der restlichen Buttercreme Oberfläche und Rand bestreichen, Schokoladentäfelchen an den Rand drücken, Oberfläche mit Schokoladenblättern garnieren.

 *Die Torte schmeckt am besten, wenn Sie drei Tage durchgezogen ist.*

Christkinds Möhrchentorte

Für den Teig

7 Eigelb	mit
3oo g braunem Rohrzucker	mit Handrührgerät mit Rührbesen auf höchster Stufe sehr schaumig schlagen
4oo g abgezogene, gemahlene Mandeln	
3oo g feingeriebene Möhren	
75 g Speisestärke	
½ TL gemahlenen Zimt	
1 Msp. gemahlene Nelken	
1 Msp. gemahlenen Kardamom	
1 Prise Salz	vorsichtig unterheben
7 Eiweiß	mit dem Handrührgerät mit Rührbesen zu steifem Schnee schlagen, unterheben
	den Teig in zwei Springformen (Ø 24 cm und Ø 16 cm, Boden gefettet, mit Backpapier belegt) füllen, glattstreichen
Ober-/Unterhitze	180–2oo °C (vorgeheizt)
Heißluft	16o–18o °C (nicht vorgeheizt)
Gas	Stufe 3–4 (nicht vorgeheizt)
Backzeit	etwa 55 Minuten
	die Kuchen aus den Formen stürzen, Backpapier entfernen, die Kuchen erkalten lassen.

Für den Guß

2oo g Halbbitter-Kuvertüre	in kleine Stücke, mit
2o g Kokosfett	in einem kleinen Topf im Wasserbad bei schwacher Hitze zu einer geschmeidigen Masse verrühren
	beide Kuchen damit überziehen, den kleinen Kuchen auf den großen setzen.

Zum Garnieren

5o g Marzipan-Rohmasse	mit
25 g gesiebtem Puderzucker	verkneten, mit
etwas roter Speisefarbe	färben
	Marzipan zwischen Klarsichtfolien oder auf Puderzucker ausrollen, mit Ausstechförmchen Weihnachtsbäume, Autos und Sterne ausstechen, die Torte damit garnieren, mit Plätzchenschmuck und Kerzen dekorieren.

Sterntalertorte

	Für den Knetteig
1oo g Weizenmehl	in eine Rührschüssel sieben
3o g Zucker	
1 Pck. Vanillin-Zucker	
1 Eigelb	
1 EL saure Sahne	
5o g weiche Butter	hinzufügen, die Zutaten mit Handrührgerät mit

hinzufügen, die Zutaten mit Handrührgerät mit Knethaken kurz auf niedrigster, dann auf höchster Stufe gut durcharbeiten, anschließend auf der Arbeitsfläche zu einem glatten Teig verkneten
den Teig auf dem Boden einer Springform (Ø 24 cm, Boden gefettet) ausrollen, mehrmals mit einer Gabel einstechen, den Springformrand darum geben

Ober-/Unterhitze	2oo–22o °C (vorgeheizt)
Heißluft	18o–2oo °C (nicht vorgeheizt)
Gas	Stufe 3–4 (vorgeheizt)
Backzeit	etwa 15 Minuten

sofort nach dem Backen den Tortenboden vom Springformboden lösen, darauf erkalten lassen, dann auf eine Tortenplatte legen.

Für den Rührteig

1oo g Halbbitter-Kuvertüre in kleine Stücke schneiden, in einem kleinen Topf im Wasserbad bei schwacher Hitze zu einer geschmeidigen Masse verrühren, abkühlen lassen

1oo g weiche Butter mit Handrührgerät mit Rührbesen geschmeidig rühren, nach und nach

1 Pck. Vanillin-Zucker
5o g Zucker
4 Eigelb
je 1 Prise Nelken-, Zimt-,
Anispulver, Muskatnuß

unterrühren, bis eine gebundene Masse entstanden ist, die abgekühlte Kuvertüre unterrühren

4 Eiweiß steif schlagen, auf die Creme geben
1oo g Weizenmehl mit
1 geh. TL Backpulver mischen, sieben, zusammen mit
5o g abgezogenen,
gemahlenen Mandeln

kurz auf niedrigster Stufe unterrühren
den Teig in eine Springform (Ø 24 cm, Boden gefettet, mit Backpapier belegt) füllen

(Fortsetzung Seite 8o)

Ober-/Unterhitze	180–200 °C (vorgeheizt)
Heißluft	160–180 °C (nicht vorgeheizt)
Gas	Stufe 3–4 (vorgeheizt)
Backzeit	35–40 Minuten

den Boden aus der Form lösen, stürzen, erkalten lassen, zweimal durchschneiden.

Für die Buttercreme

½ Pck. Pudding-Pulver	
Vanille-Geschmack	
30 g Zucker	
1 Eigelb	
250 ml (¼ l) kalter Milch	mit 5 Eßlöffeln von

anrühren, die übrige Milch zum Kochen bringen, von der Kochstelle nehmen, das angerührte Pudding-Pulver unter Rühren hineingeben, kurz aufkochen lassen, zudecken, erkalten lassen

150 g weiche Butter

geschmeidig rühren, den abgekühlten Pudding eßlöffelweise unterrühren.

Zum Bestreichen
mit

200 g Aprikosenkonfitüre	
3–4 EL Aprikosenlikör	

unter Rühren zum Kochen bringen, etwas einkochen lassen, Knetteigboden mit ⅓ davon bestreichen, mit dem unteren Biskuitboden belegen, zunächst Konfitüre, dann Buttercreme daraufstreichen, mit dem mittleren Boden bedecken, mit Konfitüre und Creme bestreichen, oberen Boden auflegen, kalt stellen.

Für den Guß
in Stücke schneiden, mit

150 g Halbbitter-Kuvertüre	
15 g Kokosfett	

in einem kleinen Topf im Wasserbad bei schwacher Hitze zu einer geschmeidigen Masse verrühren, die Torte mit der restlichen Konfitüre bestreichen, mit dem Guß überziehen, antrocknen lassen.

Für die Marzipansterne
mit

70 g Marzipan-Rohmasse	
30 g gesiebtem Puderzucker	
gesiebtem Puderzucker	

verkneten, dünn auf
ausrollen, Sterne von beliebiger Größe ausstechen, auf die Torte legen, Guß fest werden lassen, Torte kurz vor dem Servieren mit Puderzucker bestäuben.

Streifentorte

35o g weiche Butter oder Margarine	Für den Rührteig mit Handrührgerät mit Rührbesen auf höchster Stufe geschmeidig rühren, nach und nach
35o g Zucker 1 Pck. Vanillin-Zucker ½ Fläschchen Rum-Aroma	unterrühren, so lange rühren, bis eine gebundene Masse entstanden ist
7 Eier	nach und nach unterrühren (jedes Ei etwa ½ Minute)
175 g Weizenmehl 175 g Speisestärke 1 Msp. Backpulver	mit mischen, sieben, portionsweise auf mittlerer Stufe unterrühren, die Teigmenge für 12 Böden einteilen, jeweils auf den Boden einer Springform (Ø 28 cm, Boden gefettet) streichen, jeden Boden ohne Springformrand backen, bis er hellbraun ist
Ober-/Unterhitze Heißluft Gas Backzeit für jeden Boden	17o–2oo °C (vorgeheizt) 15o–18o °C (nicht vorgeheizt) Stufe 3–4 (vorgeheizt) etwa 8 Minuten sofort nach dem Backen die Böden vom Springformboden lösen, erkalten lassen.
5oo g rotes Johannisbeergelee	Für die Füllung durch ein Sieb streichen, die Böden damit bestreichen, zu einer Torte zusammensetzen, die oberste Schicht soll ein Boden sein die Torte beschweren (am besten über Nacht), sie schmeckt am besten, wenn sie gut durchgezogen ist, die Torte kurz vor dem Verzehr in schmale Streifen schneiden.

T I P *Die Torte in Alufolie verpackt aufbewahren.*

Weihnachts-Apfeltorte

Für den Nußbiskuitteig

7 Eigelb	
18o g Zucker	
1 Pck. Vanillin-Zucker	mit Handrührgerät mit Rührbesen auf höchster Stufe in etwa 5 Minuten schaumig schlagen
3oo g gemahlene	
Haselnußkerne	mit
5o g Speisestärke	mischen, kurz auf niedrigster Stufe unterrühren
7 Eiweiß	steif schlagen, vorsichtig unterziehen (nicht rühren) den Teig in eine Springform (Ø 26 cm, Boden gefettet, mit Backpapier belegt) füllen
Ober-/Unterhitze	16o–18o °C (vorgeheizt)
Heißluft	–
Gas	Stufe 2–3 (nicht vorgeheizt)
Backzeit	etwa 1 Stunde den Boden aus der Form lösen, auf einen Kuchenrost stürzen, auskühlen lassen.

Für die Apfelcreme

75o g Äpfel	schälen, vierteln, entkernen, in kleine Stücke schneiden, mit
1oo g Zucker	
1 Pck. Bourbon	
Vanille-Zucker	
4 EL Zitronensaft	gar dünsten lassen
4 EL Calvados	unterrühren, die Äpfel auf ein Sieb geben, abkühlen lassen

25o ml (¼ l) Milch	
1oo ml Schlagsahne	
5o g Zucker	
1 Prise Salz	zum Kochen bringen
4o g Speisestärke	mit
2 Eigelb, 4 EL Milch	glattrühren, in die kochende, von der Kochstelle genommene Milch rühren, kurz aufkochen, erkalten lassen, ab und zu umrühren die Creme (2 Eßlöffel zurücklassen) mit den Apfelstücken vorsichtig vermengen, den Nußboden einmal waagerecht durchschneiden die Apfelcreme auf den unteren Boden streichen, mit dem oberen Boden bedecken, gut andrücken die Oberfläche der Torte mit der zurückgelassenen Creme (2 Eßlöffel) bestreichen.

(Fortsetzung Seite 84)

Für die Marzipandecke

4oo g Marzipan-Rohmasse
12o g gesiebtem Puderzucker
mit

verkneten, gut ⅔ davon zwischen Sichtfolie zu
einer Platte (Ø 32 cm) ausrollen, vorsichtig über
die Torte legen, gut andrücken, den unteren Rand
gerade schneiden.

Zum Garnieren
einen Teil der restlichen Marzipanmasse mit roter
Speisefarbe einfärben, Äpfel daraus formen, das
restliche Marzipan mit gelber Speisefarbe einfärben, dünn ausrollen, Sterne ausstechen, Torte
leicht mit

Puderzucker
bestäuben, mit Marzipanäpfeln und -sternen
garnieren.

Bûche de Noël

Für den Biskuitteig

3 Eier
3 Eigelb
1 EL heißes Wasser
mit Handrührgerät mit Rührbesen auf höchster
Stufe in 1 Minute schaumig schlagen

75 g Zucker
1 Pck. Vanillin-Zucker
mit
mischen, in 1 Minute einstreuen, dann noch etwa
2 Minuten schlagen, mit

6o g Weizenmehl
15 g Speisestärke
1 Msp. Backpulver
mischen, auf die Eiercreme sieben, kurz auf
niedrigster Stufe unterrühren
den Teig auf ein mit Backpapier belegtes
Backblech streichen, das Papier unmittelbar vor
dem Teig zur Falte knicken, so daß ein Rand
entsteht

Ober-/Unterhitze
2oo–22o °C (vorgeheizt)

Heißluft
–

Gas
Stufe 3–4 (vorgeheizt)

Backzeit
etwa 1o Minuten.

125 ml (⅛ l) Orangensaft	Zum Bestreichen
75 g Zucker	mit
	unter Rühren etwa 5 Minuten einkochen lassen
	den Biskuit nach dem Backen auf ein mit
Zucker	bestreutes Geschirrtuch stürzen, das Backpapier
	mit kaltem Wasser bestreichen, vorsichtig, aber
	schnell abziehen, den Biskuit sofort mit dem
	Orangenzucker bestreichen, mit dem Geschirrtuch
	von der längeren Seite her aufrollen.

2oo g Zucker	Für die Creme
4 EL Wasser	mit
5 Eigelb	einkochen und abkühlen lassen
	schaumig rühren, mit dem erkalteten Zuckersirup
	verrühren
5o g Kuvertüre	in einem kleinen Topf im Wasserbad bei
	schwacher Hitze zu einer geschmeidigen Masse
	verrühren, abkühlen lassen
25o g weiche Butter	geschmeidig rühren, die Kuvertüre,
3o g gesiebten Kakao	unterrühren, die Eigelbmasse nach und nach
	unterrühren
	die ausgekühlte Rolle vorsichtig auseinanderrollen,
	mit der Hälfte der Creme bestreichen, wieder
	aufrollen, die Rolle mit der übrigen Creme
	bestreichen, mit Hilfe einer Gabel verzieren.

5o g Marzipan-Rohmasse	Zum Garnieren
25 g gesiebtem Puderzucker	mit
	verkneten, Pilze und Blätter daraus formen, die
	Pilze leicht mit
Kakao	bestäuben, die Rolle damit garnieren.

T I P *Bûche de Noël ist eine traditionelle französische Biskuitrolle, die zu Weihnachten serviert wird.*

Die Weihnachtszeit ist Wunsch- und Märchenzeit. Beste Voraussetzungen, um der Phantasie beim Backen freien Lauf zu lassen, sie auf die wohl reizvollste Art und Weise mal ordentlich in Form zu bringen: Wie wäre es also mit einem reich verzierten Knusperhäuschen oder einem bunten Nikolausstiefel, zuckersüßen Martinsgänsen oder zünftigen Stutenkerlen? Mit all diesen Leckereien machen Sie nicht nur Ihren Liebsten ein köstliches Vergnügen, sondern Selbstgebackenes ist auch ein ideales Mitbringsel zum Adventstee.

Knusperhäuschen

(Foto Seite 86/87)

	Für den Teig
3oo g Honig	
75 g Zucker	
2 Pck. Vanillin-Zucker	
1 Ei	
5o g sehr weiche Margarine	
4 EL Wasser	mit Handrührgerät mit Rührbesen gut verrühren
6oo g Weizenmehl	mit
3o g Kakao	
3 gestr. TL Backpulver	mischen, sieben, ⅔ unterrühren, den Rest

unterkneten, auf der mit Mehl bestäubten
Arbeitsfläche zu einem glatten Teig verkneten
den Teig knapp ½ cm dick ausrollen
zunächst die vordere und die hintere Seite des
Hauses (am besten nach Papierschablone, 2
Giebelseiten, Seitenlänge 1o cm, Seitenhöhe 5 cm,
Firsthöhe 14 cm) ausschneiden, auf ein mit
Backpapier belegtes Backblech legen, mit

flüssiger Schlagsahne   bestreichen
Dach und Seitenteile (2 Rechtecke 14 x 12 cm) und
(2 Rechtecke 5 x 12 cm) ausschneiden, auf ein mit
Backpapier belegtes Backblech legen, mit Sahne
bestreichen, aus einem Teil des restlichen Teiges
Figuren in verschiedenen Größen ausstechen, auf
das Dach legen, mit Sahne bestreichen

Ober-/Unterhitze	etwa 2oo °C (vorgeheizt)
Heißluft	etwa 18o °C (nicht vorgeheizt)
Gas	etwa Stufe 4 (vorgeheizt)
Backzeit	etwa 15 Minuten.

Für die Gebäckplatte
einen Teil des restlichen Teiges auf einem
gefetteten Backblech ausrollen, mit Sahne
bestreichen, kleine Kugeln formen, als Zaun an
den Rand legen
aus dem restlichen Teig Tannenbäume und Platten
für den Hauseingang ausschneiden, mit auf das
Backblech legen, mit Sahne bestreichen,
Herdeinstellung und Backzeit siehe oben.

	Für den Guß
2oo g Puderzucker	sieben, mit so viel
Eiweiß	mit Handrührgerät mit Rührbesen verschlagen, so
	daß eine dickflüssige Masse entsteht
	Hausteile auf der Gebäckplatte zusammensetzen
	Haus, Tannenbäume und Zaun mit
Puderzuckerguß	verzieren, nach Belieben mit
Nüssen, Süßigkeiten	garnieren, mit
Puderzucker	bestäuben.

Adventszahlen

	Für den Teig
3 Eiweiß	mit Handrührgerät mit Rührbesen steif schlagen
4 EL (1oo g) Honig	mit
12o g Weizenvollkornmehl	verrühren
	Eischnee auf niedrigster Stufe unterrühren, den
	Teig in einen Spritzbeutel mit Lochtülle füllen
	Zahlen von etwa 5 cm Höhe auf ein mit Back-
	papier belegtes Backblech spritzen
	das Backblech in den Backofen schieben
Ober-/Unterhitze	etwa 18o °C (vorgeheizt)
Heißluft	etwa 16o °C (nicht vorgeheizt)
Gas	etwa Stufe 3 (vorgeheizt)
Backzeit	etwa 2o Minuten.

 Die Zahlen vor dem Backen mit abgezogenen, gehackten Mandeln oder Nüssen oder Belegkirschen belegen.

Weihnachtsbaum aus der Form

	Für den Rührteig
35o g Margarine oder Butter	mit Handrührgerät mit Rührbesen auf höchster Stufe geschmeidig rühren, nach und nach
25o g Zucker	
1 Pck. Vanillin-Zucker	
1 Pck. Feine Orangenfrucht	unterrühren, so lange rühren, bis eine gebundene Masse entstanden ist
6 Eier	nach und nach unterrühren (jedes Ei etwa ½ Minute)
25o g Weizenmehl	mit
1oo g Speisestärke	
2 gestr. TL Backpulver	mischen, sieben, portionsweise auf mittlerer Stufe unterrühren
1oo g gehackte Vollmilch-Schokolade	unterrühren den Teig in eine gut gefettete, mit
Semmelbröseln	ausgestreute Weihnachtsbaum-Backform füllen, den Teig glattstreichen
Ober-/Unterhitze	etwa 18o °C (vorgeheizt)
Heißluft	etwa 16o °C (nicht vorgeheizt)
Gas	etwa Stufe 3 (vorgeheizt)
Backzeit	5o–6o Minuten den Kuchen etwa 1o Minuten in der Form stehen lassen, auf einen Kuchenrost stürzen, erkalten lassen.
	Zum Verzieren
15o g Puderzucker	sieben, mit
2 EL Orangensaft	zu einem dickflüssigen Guß verrühren, in einen kleinen Gefrierbeutel füllen, eine kleine Spitze abschneiden, den Baum damit verzieren, nach Belieben mit
Schokoladenkugeln	
Marzipanäpfeln	garnieren.

Adventskalender

	Für den Lebkuchenteig
18o g Honig	unter Rühren mit
7o g Zucker	langsam erwärmen, bis der Zucker gelöst ist, die Masse etwas abkühlen lassen
1 Pck. Vanillin-Zucker	
1 Prise Salz	
1 Msp. gemahlenen Zimt	
1 Pck. Feine Orangenfrucht	
1 Eigelb	
6–8 EL Wasser	unterrühren
375 g Weizenmehl	mit
1 gestr. TL Backpulver	mischen, sieben, ⅔ des Mehlgemisches unterrühren, den Rest unterkneten, den Teig auf einer bemehlten Arbeitsfläche ½ cm dick ausrollen, anhand der Schablone einen Baum ausschneiden, in 24 Teile teilen, auf ein mit Backpapier belegtes Backblech legen, aus dem restlichen Teig Sterne ausstechen, mit auf das Backblech legen.
	Zum Bestreichen
1 Eigelb	mit
1 EL Milch	verrühren, den Teig mit der Eigelbmilch bestreichen, das Backblech in den Backofen schieben
Ober-/Unterhitze	17o–2oo °C (vorgeheizt)
Heißluft	15o–18o °C (nicht vorgeheizt)
Gas	Stufe 3–4 (vorgeheizt)
Backzeit	12–15 Minuten.
	Zum Garnieren
1oo g Puderzucker	sieben, mit
2oo g Marzipan-Rohmasse	verkneten, jeweils ⅓ der Marzipanmasse mit
grüner, roter und gelber	
Speisefarbe	färben
3o g Puderzucker	sieben, die gefärbten Marzipanmassen getrennt auf dem Puderzucker ausrollen, nach Belieben kleine Figuren mit Plätzchenausstechern ausstechen
1 Eiweiß	verschlagen, die ausgestochenen Figuren damit bestreichen, mit
Buntzucker	bestreuen, jedes Baumteil mit einer Marzipanfigur,
Schokoladenziffern (1–24)	mit Hilfe von
etwas Erdbeerkonfitüre	zusammensetzen, den Baum auf ein mit Seidenpapier bespanntes Tablett oder Holzbrett anordnen.

35 cm

29 cm

Lebkuchenbaum

Für den Lebkuchenteig

25o g Honig	mit
1oo g Butter oder Margarine	
1oo g Zucker	
1 Pck. Vanillin-Zucker	in einen Topf geben, unter Rühren langsam erwärmen, bis alles gelöst ist, die Masse erkalten lassen
1 Pck. Lebkuchengewürz	
1 Prise Salz	unterrühren
5oo g Weizenmehl	mit
2 schwach gehäuften EL Backpulver	
15 g Kakao	mischen, ⅔ des Mehlgemisches unterrühren das restliche Mehlgemisch auf der Arbeitsfläche unterkneten den Teig portionsweise etwa ½ cm dick ausrollen, neun verschieden große Sterne ausschneiden (Ø 4–24 cm), auf mit Backpapier belegte Backbleche legen, mit
Kondensmilch	bestreichen
Ober-/Unterhitze	18o–2oo °C (vorgeheizt)
Heißluft	16o–18o °C (nicht vorgeheizt)
Gas	Stufe 3–4 (nicht vorgeheizt)
Backzeit	1o–15 Minuten aus dem Teigrest runde Plätzchen (Ø 3 cm) ausstechen und backen das Gebäck sofort vom Blech lösen, auf einem Kuchenrost erkalten lassen.

Für den Guß

2oo g Puderzucker	sieben, mit soviel von
1 Eiweiß	verrühren, daß eine dickflüssige Masse entsteht den Guß nach Belieben mit
Speisefarben	färben, in kleine Frischhaltebeutel füllen, Spitzen vorsichtig abschneiden Sterne mit runden Plätzchen dazwischen aufeinander kleben Lebkuchenbaum mit Zuckerguß verzieren,
gezuckerte Lakritzstangen	halbieren, mit
Smarties	als Kerzen auf den Baum kleben.

Nikolausstiefel

	Für den Teig
125 g Honig	mit
5o g Zucker	
1 Pck. Vanillin-Zucker	
6o g Butter	langsam erwärmen, zerlassen, in eine Rührschüssel geben, kalt stellen unter die fast erkaltete Masse mit Handrührgerät mit Rührbesen
1 Eigelb	
je 1 Msp. gemahlenen Zimt und gemahlene Nelken	rühren
1 Prise Salz	
25o g Weizenmehl	mit
2 gestr. TL Backpulver	
1 gestr. TL Kakao	mischen, sieben, ⅔ davon portionsweise auf mittlerer Stufe unterrühren, den Rest des Mehls auf der Arbeitsfläche unterkneten den Teig gut ½ cm dick ausrollen, Stiefel von ge-wünschter Größe (am besten nach Pappschablone) ausschneiden, aus dem restlichen Teig Plätzchen ausstechen, die Teigstücke auf ein gefettetes Backblech legen
Ober-/Unterhitze	17o–2oo °C (vorgeheizt)
Heißluft	15o–18o °C (nicht vorgeheizt)
Gas	Stufe 3–4 (vorgeheizt)
Backzeit	etwa 15 Minuten.
	Zum Verzieren
1oo g Puderzucker	sieben, mit so viel
Eiweiß	verrühren, daß eine spritzfähige Masse entsteht die erkalteten Stiefel und Plätzchen mit dem Guß verzieren, mit
Gebäckschmuck Belegkirschen abgezogenen, halbierten Mandeln	garnieren.

Hefeteig-Figuren

*(Für 8-1o Stutenkerle
oder 8 Martinsgänse)*

*5oo g Weizenmehl
1 Pck. Trockenhefe
2 EL Zucker
1 gestr. TL Salz
1 Ei, 1 Eiweiß
1oo g zerlassene, abgekühlte
Butter oder Margarine
gut 125 ml (¹⁄₈ l)
lauwarme Milch*

Für den Hefeteig
in eine Rührschüssel sieben, mit
sorgfältig vermischen

hinzufügen, die Zutaten mit Handrührgerät mit
Knethaken zuerst auf niedrigster, dann auf
höchster Stufe in etwa 5 Minuten zu einem glatten
Teig verarbeiten, den Teig zugedeckt an einem
warmen Ort so lange gehen lassen, bis er sich
sichtbar vergrößert hat, ihn dann auf der
Arbeitsfläche nochmals kurz durchkneten.

Für Stutenkerle
den Teig etwa 1 cm dick ausrollen
Stutenkerle (etwa 18 cm hoch und 8 cm breit, am
besten nach Pappschablone) ausschneiden, auf ein
gefettetes Backblech legen, als Augen

Rosinen oder Korinthen
eindrücken
1 Eigelb
mit
1–2 EL Milch
verschlagen, die Stutenkerle damit bestreichen,
je 1 von
8–1o Tonpfeifen
in die Stutenkerle drücken, abgedeckt nochmals
etwa 2o Minuten gehen lassen
Ober-/Unterhitze
etwa 2oo °C (vorgeheizt)
Heißluft
etwa 18o °C (nicht vorgeheizt)
Gas
Stufe 3–4 (vorgeheizt)
Backzeit
15–2o Minuten.

Für Martinsgänse
den Teig knapp 1 cm dick ausrollen, Gänse
(Körperlänge etwa 14 cm, Körperbreite etwa
1o cm und Gesamthöhe etwa 2o cm, am besten
nach Pappschablone) ausschneiden, die Gänse auf
ein gefettetes Backblech legen

(Fortsetzung Seite 98)

1 Eigelb	mit
1–2 EL Milch	verschlagen, die Gänse damit bestreichen
Rosinen	als Augen eindrücken, die Gänse mit
Hagelzucker	bestreuen, zugedeckt an einem warmen Ort
	nochmals etwa 2o Minuten gehen lassen
Ober-/Unterhitze	etwa 2oo °C (vorgeheizt)
Heißluft	etwa 18o °C (nicht vorgeheizt)
Gas	etwa Stufe 4 (vorgeheizt)
Backzeit	15–2o Minuten.

7 cm

Eisenbahn

15o g Haselnußkerne	in einer Pfanne ohne Fett leicht bräunen, abkühlen lassen.
	Für den Teig
25o g weiche Butter oder Margarine	mit Handrührgerät mit Rührbesen auf höchster Stufe geschmeidig rühren, nach und nach

8 cm

13 cm

15o g Zucker	
1 Pck. Vanillin-Zucker	
½ Fläschchen Rum-Aroma	
½ TL gemahlenen Zimt	
1 Msp. gemahlene Nelken	unterrühren, so lange rühren, bis eine gebundene Masse entstanden ist, nach und nach
4 Eier	unterrühren (jedes Ei etwa ½ Minute)
2oo g Weizenmehl	mit
3 TL Kakao	
3 gestr. TL Backpulver	mischen, sieben, portionsweise auf mittlerer Stufe unterrühren, zuletzt die gebräunten Haselnüsse und
1oo g feingehackte Haselnußkerne	unterrühren, den Teig auf ein mit Backpapier belegtes Backblech streichen, das Papier unmittelbar vor dem Teig zur Falte knicken
Ober-/Unterhitze	17o–2oo °C (vorgeheizt)
Heißluft	15o–18o °C (nicht vorgeheizt)
Gas	Stufe 3–4 (vorgeheizt)
Backzeit	2o–25 Minuten

15 cm

die Gebäckplatte stürzen, das Papier abziehen, die Platte erkalten lassen
die Wagenteile für Lokomotive und Waggons (am besten nach Pappschablone) ausschneiden, darauf achten, daß für die Lokomotive 2 gleiche Teile, die seitenverkehrt sein müssen, benötigt werden, darum die eine Schablone beim Ausschneiden einmal umgekehrt auflegen.

150 g Kuvertüre

Zum Zusammensetzen
in kleine Stücke schneiden, in einem kleinen Topf im Wasserbad bei schwacher Hitze zu einer geschmeidigen Masse rühren, die Gebäckteile damit zusammensetzen.

etwas Puderzucker
Zitronensaft
etwas Kuvertüre

Zum Verzieren
sieben, mit
zu einer spritzfähigen Masse verrühren
in einem kleinen Topf im Wasserbad bei schwacher Hitze auflösen, die Eisenbahn mit dem Puderzuckerguß und der Kuvertüre verzieren.

200 g Marzipan-Rohmasse
50 g gesiebtem Puderzucker

Eiweiß

Zum Garnieren
mit
verkneten, gut ½ cm dick ausrollen, Motive (Tannenbäume, Sterne usw.) ausstechen, mit bestreichen, unter dem vorgeheizten Grill leicht bräunen oder die Marzipanmasse vor dem Ausrollen mit Speisefarben einfärben (nicht grillen).

7 cm

Der Advent ist die Zeit der Einladungen, des gemütlichen Beisammenseins. Hier ein fröhliches Kaffeekränzchen, dort eine Verabredung zum trauten „tea for two". Was serviert man, was bringt man mit? Überraschen Sie Ihre Gäste oder auch den Gastgeber einmal mit selbstgemachten Pralinen, mit feinem Konfekt aus der hauseigenen Konfiserie. Die Herstellung ist gar nicht so schwer, wie man glauben mag. Mit etwas Geschick und Geduld und natürlich unseren ausgeklügelten Rezepten gelingt Ihnen garantiert jedes Konfekt. Eigentlich unverständlich, daß man diese raffinierten Herrlichkeiten dann nur zu Weihnachten kredenzen soll!

Orangen-Trüffel

(Foto Seite 1oo/1o1)

2oo g Zartbitter-Schokolade in kleine Stücke brechen, in einem kleinen Topf im Wasserbad bei schwacher Hitze geschmeidig rühren

125 g weiche Butter mit Handrührgerät mit Rührbesen auf höchster Stufe in etwa ½ Minute geschmeidig rühren, nach und nach

125 g gesiebten Puderzucker unterrühren, Schokolade,
2–3 EL Orangenmarmelade hinzufügen, gut verrühren
die Masse einige Stunden in den Kühlschrank stellen, jeweils ¼ der Trüffelmasse aus dem Kühlschrank nehmen, mit einem Teelöffel kleine Stücke abstechen, zu Kugeln formen
die Hälfte der Orangentrüffel in

75 g gehackten Mandeln wälzen, die restlichen Trüffel in
1oo g Schokoladenplättchen wälzen, in gut schließenden Dosen kühl aufbewahren.

Schicht-Nougat-Pralinen

(Foto Seite 1oo/1o1)

2oo g Nuß-Nougat-Masse (dunkel) in einem kleinen Topf im Wasserbad geschmeidig rühren, die Hälfte der Masse zu einem Rechteck von 12 x 14 cm auf Alufolie streichen, im Kühlschrank fest werden lassen

1oo g Nuß-Nougat-Masse (hell) in einem kleinen Topf im Wasserbad bei schwacher Hitze geschmeidig rühren, auf die dunkle Nuß-Nougat-Masse geben, glattstreichen, im Kühlschrank fest werden lassen
von der restlichen dunklen Nuß-Nougat-Masse 2 Teelöffel in ein Pergamentpapiertütchen geben, die übrige Masse auf die helle Nuß-Nougat-Masse streichen

25 unabgezogene Mandelhälften	darauf verteilen, mit der Nuß-Nougat-Masse aus dem Pergamentpapiertütchen verzieren, im Kühlschrank fest werden lassen
	die Masse so in Rechtecke schneiden, daß jeweils eine Mandelhälfte in der Mitte jeder Praline liegt
	die Schicht-Nougat-Pralinen in gut schließenden Dosen kühl aufbewahren.

Schokoladen-Tee-Canache

(Foto Seite 1oo/1o1)

25 g schwarzen Tee	mit
125 ml (⅛ l) kochendem Wasser	übergießen, etwa 3 Minuten ziehen lassen, durch ein Sieb gießen
125 ml (⅛ l) Schlagsahne	zum Kochen bringen, von der Kochstelle nehmen Tee,
3oo g kleingeschnittene Vollmilch-Kuvertüre	hinzufügen, die Kuvertüre unter Rühren auflösen,
1oo g Butter	unterrühren
	die Masse im Kühlschrank fest werden lassen, gut durchschlagen, dabei
5o g heißes Kokosfett	unterschlagen
	die Masse etwa 1 cm dick auf ein mit Alufolie belegtes Brett streichen, im Kühlschrank fest werden lassen, anschließend mit einem in heißes Wasser getauchten, abgetrockneten Messer in Rechtecke von 1 x 3 cm schneiden
	die Rechtecke in
gesiebtem Kakao	wälzen, 2–3 Stunden in den Kühlschrank stellen
	Schokoladen-Tee-Canache in gut schließenden Dosen kühl aufbewahren.

Rosinen-Rum-Kugeln

(Foto)	
1oo g weiche Butter	mit Handrührgerät mit Rührbesen geschmeidig rühren, nach und nach
1oo g gesiebten Puderzucker	
1 Pck. Vanillin-Zucker	
3oo g geriebene Blockschokolade	
3 EL Rum	unterrühren, zum Schluß
125 g in Rum eingelegte Rosinen	hinzufügen, die Masse eine Zeitlang kalt stellen, kleine Kugeln daraus formen, in
1oo–15o g Schokoladen-streuseln (wahlweise Kakaopulver, Kokosraspel oder Puderzucker)	wälzen
	die Rumkugeln in Cellophantüten verpackt oder in verschlossenen Glas- oder Porzellangefäßen kühl aufbewahren.

Calvados-Pralinen

4 Apfelringe (getrocknet)	sehr fein würfeln, mit
3 EL Calvados	übergießen, zugedeckt 3–4 Stunden durchziehen lassen
2oo ml Schlagsahne	zum Kochen bringen, von der Kochstelle nehmen
25o g Kuvertüre	fein schneiden, zusammen mit
1oo g Kokosfett	zu der Sahne geben, unter Rühren auflösen, abkühlen lassen, bis die Masse halbfest ist, dann cremig aufschlagen
	die Apfelstücke mit dem Calvados unterrühren
	die Masse in einen Spritzbeutel mit weiter Sterntülle geben, Tuffs in
Pralinenförmchen	spritzen, mit
Pistazienstückchen	oder
Mandeln	garnieren.

Fruchtig-kerniges Marzipanbrot

(Foto)

5o g Marzipan-Rohmasse (mit Honig gesüßt)	mit
1o g abgezogenen, gehackten Mandeln	
1o g gehackten Walnußkernen	
1 TL Sesamsamen	
1o g feingehacktem Orangeat	
je 1 feingewürfelten Trockenpflaume und -aprikose	
1 getrockneten, feingewürfelten Apfelring	verkneten, die Masse zu einem Brot formen
2o g Edelbitter-Schokolade (mit Sucanat)	mit
etwas Kokosfett	in einem kleinen Topf im Wasserbad bei schwacher Hitze geschmeidig rühren, das Marzipanbrot damit bestreichen, im Kühlschrank fest werden lassen, in Cellophanpapier verpackt kühl aufbewahren, nach Belieben mit
Sesamsamen	
Marzipanmotiven	garnieren.

Zimt-Canache-Stangen

1oo ml Schlagsahne	in einem Topf zum Kochen bringen, von der Kochstelle nehmen
2oo g Vollmilch-Kuvertüre	sehr fein schneiden, mit
25 g weicher Butter	
1 schwach gehäuften TL gemahlenem Zimt	zu der Sahne geben, unter Rühren auflösen, abkühlen lassen, bis die Masse halbfest ist, dann cremig aufschlagen, in einen Spritzbeutel mit weiter Lochtülle geben, Stangen von etwa 3 cm Länge auf Alufolie spritzen
2 EL Puderzucker	mit
½ TL gemahlenem Zimt	mischen, sieben, die Stangen darin wälzen, in gut schließenden Dosen kühl aufbewahren.

Orangenblüten-Konfekt

2oo g Marzipan-Rohmasse	mit
1oo g gesiebtem Puderzucker	
1 Pck. Feine Orangenfrucht	mit Handrührgerät mit Knethaken verkneten, gut ¼ der Masse in Alufolie wickeln, beiseite legen, unter die restliche Marzipanmasse
5o g feingehacktes Orangeat	
1–2 EL Orangenlikör	kneten eine Arbeitsfläche mit
Puderzucker	bestäuben, die Masse etwa 2 cm dick ausrollen, runde Plätzchen (Ø etwa 3 cm) ausstechen die zurückgelassene Marzipan-Rohmasse dünn ausrollen, kleine Blüten (Ø etwa 4 cm) ausstechen, in der Mitte etwas zusammendrücken, so daß eine halbgeschlossene Blüte entsteht, etwas antrocknen lassen
1oo g Halbbitter-Kuvertüre	kleinschneiden, mit
etwas Kokosfett	in einem kleinen Topf im Wasserbad bei schwacher Hitze geschmeidig rühren die Marzipanplätzchen ganz in die Kuvertüre tauchen, mit einer schmalzinkigen Gabel herausholen, die Kuvertüre am Gefäßrand abstreifen, die Plätzchen auf Pergamentpapier setzen
2 EL gesiebten Puderzucker	mit
etwas Orangenlikör	
etwas Orangensaft	zu einer dickflüssigen Masse verrühren, die Marzipanblüten damit bestreichen, in jede Blütenmitte eines von
3o Orangeatstückchen	setzen, jeweils eine Blüte auf eine mit Kuvertüre überzogene Marzipanpraline setzen.

Mokkatrüffel

6 cl (4 EL) Kaffeelikör	mit
3 TL Espressopulver	
1oo ml Schlagsahne	erhitzen, aber nicht kochen lassen, von der Kochstelle nehmen
5o g Butter	
5o g Kokosfett	darin schmelzen lassen
3oo g Vollmilch-Kuvertüre	in kleine Stücke schneiden, in einem kleinen Topf im Wasserbad bei schwacher Hitze geschmeidig rühren, mit einem Schneebesen unter die Kaffee-masse rühren

die Masse in eine mit Klarsichtfolie ausgelegte Metall- oder Glasform gießen, kalt stellen
die Masse mit einem in heißes Wasser getauchten Messer in Rechtecke (etwa 3 x 1,5 cm) schneiden.

Für die Glasur

5oo g Vollmilch-Kuvertüre	in kleine Stücke schneiden, in einem Topf im Wasserbad bei schwacher Hitze geschmeidig rühren

die Rechtecke einzeln (am besten mit einer Pralinengabel) in die geschmolzene Vollmilch-Kuvertüre tauchen, trocknen lassen

5o g Halbbitter-Kuvertüre	schmelzen lassen, in ein Pergamentpapiertütchen füllen, die Trüffel damit verzieren.

TIP *Das Verzieren läßt sich gut durchführen, wenn Sie für die Spritztüten aus kleinen Pergamentpapier-Dreiecken kleine Tüten formen. Geben Sie dann einige Kuvertüre-stückchen hinein, legen Sie die Tüte auf den Rost in den vorgeheizten Backofen (etwa 1oo °C) und lassen Sie die Kuvertüre schmelzen. Schneiden Sie nun die Spitze ab und verzieren Sie die Pralinen.*

Mozartkugeln

2oo g kalte Nuß-Nougat-Masse	in kleine Würfel (1½ x 1½ cm) schneiden, zu Kugeln formen, kalt stellen
2oo g Marzipan-Rohmasse	mit Handrührgerät mit Knethaken geschmeidig rühren
2 EL Kirschwasser	
1o g feingehackte Pistazienkerne	hinzufügen
125 g gesiebten Puderzucker	unterkneten die Marzipanmasse zu einer etwa 2 cm dicken Rolle formen, in so viele Stücke schneiden, wie Kugeln vorhanden sind die Marzipanstücke auf einer mit
Puderzucker	bestäubten Arbeitsfläche flach auseinanderdrücken, die Nougatkugeln darauflegen, die Marzipanmasse darüber zusammenschlagen, an den Rändern gut andrücken, zu Kugeln formen
1oo g Speisefett-Glasur	nach Anleitung auflösen, die Mozartkugeln mit 2 Gabeln hineintauchen, auf ein enges Kuchengitter oder auf Pergamentpapier setzen (bei der Verwendung von Pergamentpapier die Mozartkugeln evtl. noch einmal umsetzen, damit sie keine „Füßchen" bekommen).

T I P *Die Mozartkugeln in Cellophantütchen verpacken oder in verschlossenen Glas- oder Porzellangefäßen kühl aufbewahren.*

Walnuß-Aprikosen-Konfekt

125 g getrocknete Aprikosen	in sehr kleine Stücke schneiden, mit
3 EL Aprikot Brandy	übergießen, zugedeckt etwa 2 Stunden stehen lassen
2oo g Marzipan-Rohmasse	hinzufügen, mit Handrührgerät mit Rührbesen gut verrühren
1oo g gesiebten Puderzucker	unterkneten, aus der Masse etwa 2 cm dicke Rollen formen, in etwa ½ cm dicke Scheiben schneiden
1oo g Kuvertüre	in kleine Stücke schneiden, in einem kleinen Topf im Wasserbad bei schwacher Hitze geschmeidig rühren, jedes Marzipanstückchen hineintauchen, auf Pergamentpapier setzen, evtl. nochmals umsetzen, damit das Konfekt keine „Füßchen" bekommt, das Konfekt mit
1oo g Walnußkernhälften	garnieren, das Konfekt möglichst in kleine Papiermanschetten setzen, gut verschlossen aufbewahren.

Cognactrüffel

6 cl Cognac	mit
1oo ml Schlagsahne	erhitzen, aber nicht kochen lassen, von der Kochstelle nehmen
5o g Butter	
5o g Kokosfett	hinzufügen, schmelzen lassen
15o g Vollmilch-Kuvertüre	
15o g Halbbitter-Kuvertüre	
	beide Zutaten in Stücke schneiden, in einem kleinen Topf im Wasserbad bei schwacher Hitze geschmeidig rühren, mit einem Schneebesen unter die Sahne-Fett-Masse rühren
	die Masse in eine mit Klarsichtfolie ausgelegte Glas- oder Metallform (2o x 15 cm) füllen, mit Folie zudecken, über Nacht kalt stellen, aus der Form stürzen, Folie abziehen, die Platte in Würfel schneiden

jeden Würfel rasch zu einer Kugel formen, Kugeln und Masse zwischendurch kalt stellen.

Für den Guß

400 g Vollmilch-Kuvertüre
in Stücke schneiden, in einem kleinen Topf im Wasserbad bei schwacher Hitze geschmeidig rühren
Trüffel mit einer Pralinengabel in die Kuvertüre tauchen, abtropfen lassen, fest werden lassen, in

gesiebtem Kakao
gesiebtem Puderzucker
wälzen.

Trüffelspitzen

150 g Zartbitter-Schokolade
100 g Vollmilch-Schokolade
200 ml Schlagsahne
100 g Kokosfett
in Stücke brechen, mit

unter Rühren erhitzen, bis eine glatte Masse entstanden ist, einmal kurz aufkochen lassen, in eine Schüssel geben

200 g kleingeschnittene
Nuß-Nougat-Masse
hinzufügen, so lange rühren, bis die Nougatmasse sich mit der Schokoladenmasse verbunden hat, kalt stellen, während des Erkaltens ab und zu durchrühren
die erkaltete Masse mit Handrührgerät mit Rührbesen durchrühren, bis sie etwas cremig wird, in kleinen Mengen in einen Spritzbeutel mit gezackter Tülle füllen, in

etwa 80 Metallrosetten
Pistazienkernen
spritzen, mit
garnieren
die Trüffelspitzen in Alufolie oder Cellophan verpackt kühl aufbewahren.

Mandel-Ingwer-Krokant

(Foto)	
25o g Zucker	in einem Topf schmelzen lassen
2oo g Honig	
1oo g weiche Butter	unter Rühren hinzufügen, so lange rühren, bis eine einheitliche Masse entstanden ist
25o g abgezogene, gehobelte Mandeln	
75–1oo g feingewürfelten Ingwer	unterrühren, die Masse zum Kochen bringen, einige Minuten unter ständigem Rühren kochen lassen, ein Backblech gut mit
Speiseöl	bestreichen, die Masse 1–2 cm dick aufstreichen, etwas abkühlen lassen, in kleine Rauten, Dreiecke oder Rechtecke schneiden, erkalten lassen.
	Für den Guß
1oo g Halbbitter-Kuvertüre	in kleine Stücke schneiden, in einem kleinen Topf im Wasserbad bei schwacher Hitze geschmeidig rühren
	die Mandel-Ingwer-Krokant-Stücke jeweils mit 1 oder 2 Ecken hineintauchen, auf Pergament- papier setzen, den Guß fest werden lassen Mandel-Ingwer-Krokant in gut schließenden Dosen kühl aufbewahren.

Französisches Quittenbrot

5oo g Quittenmus	erhitzen
5oo g Gelierzucker	einstreuen, unter Rühren eindicken lassen, bis sich die Masse vom Topfrand löst
2 EL Cognac	hineingeben, gut verrühren
	ein Backblech mit Backpapier belegen, mit
Zucker	bestreuen, die Quittenmasse etwa 2 cm dick daraufstreichen, 1–2 Tage trocknen lassen
3 EL Hagelzucker	auf die Quittenmasse streuen, in Würfel schneiden, trocken aufbewahren.

Kaum zu glauben, daß die Adventszeit – der Inbegriff der süßen Genüsse – bis ins 18. Jahrhundert als Fastenzeit galt. Von dieser kargen Sitte ist heutzutage glücklicherweise so gut wie nichts übrig geblieben. Allenfalls Lebkuchen haben entfernte Ähnlichkeit mit dem damals üblichen Fastenbrot.

Ob Backmuffel oder -meister, in der Adventszeit reizt es jeden, schlummernde Talente zu wecken. Damit nichts schief geht, hier noch ein paar Tips und Tricks rund um die Weihnachtsbäckerei. Wissenswertes über notwendiges „Handwerkszeug", Backzubehör und -zutaten, Verzierungen und Aufbewahrungsmöglichkeiten.

Wichtiges Backzubehör

Nicht wegzudenken sind **Küchen-waage** und **Meßbecher,** denn nur durch genaue Mengeneinhaltung können die Rezepte richtig nachvollzogen werden.

Rührschüsseln sind ebenso unentbehrlich. Damit sie beim Rühren nicht verrutschen, stellt man sie am besten auf ein feuchtes Küchentuch. Cromarganschüsseln sind wegen der guten Wärmeleitung optimal fürs Wasserbad, z. B. zum Auflösen oder Temperieren von Kuvertüre.

Weiterhin:
Schüttelsieb für Mehl und Backpulver, Kakao oder Puderzucker;

Teigschaber zum Umfüllen des Teiges oder zum Einfüllen in Backformen;

Backpinsel zum Ausfetten von Backformen, Bestreichen von Gebäck, Auftragen von Glasuren;

Rührlöffel zum Rühren verschiedener Zutaten (besonders günstig mit durchlochtem Blatt);

Teigrädchen zum Ausschneiden von ausgerollten Teigen, die gleichzeitig einen dekorativ gezackten Rand erhalten;

Schneebesen (in unterschiedlichen Größen) zum Schlagen von Sahne, Eiern oder Creme; zum Unterheben lockerer, empfindlicher Massen;

Mandel- oder Nußmühle mit verschiedenen Einsätzen;

Reibe für Zitronen-, Orangenschale oder Schokolade;

Spritzbeutel mit verschiedenen Tüllen zum Verzieren von Gebäck oder zum Spritzen von Teigen. Für zarte, kleine Verzierungen eignet sich eine aus Pergamentpapier selbstgebastelte Tüte am besten, da man die Öffnung sehr klein halten kann. Dafür aus Pergamentpapier-Dreiecken kleine Tüten formen, Guß oder Kuvertüre einfüllen und Papierspitze abschneiden.

Teigrolle oder **Nudel- oder Wellholz;**

Backpapier, damit sich Gebäck leichter lösen läßt;

Kurzzeitwecker helfen die Backzeiten exakt einzuhalten;

Kuchengitter, damit das Gebäck fachgerecht auskühlen kann. Auf Kuchenplatten beginnt das Gebäck an der Unterseite zu schwitzen und wird feucht; auch gut für in Kuvertüre getauchtes Konfekt. Abgetropfte Kuvertüre kann wieder verwendet werden.

Wichtige Backzutaten

Backaroma
Auszug aus verschiedenen Grundsubstanzen in Öl zum Aromatisieren des Gebäcks. In Fläschchen oder Beuteln gibt es die Geschmacksrichtungen Arrak, Bittermandel, Butter-Vanille, Rum, Zimt und Zitrone.

Backpulver
Teiglockerungsmittel aus Natriumbicarbonat, einem Säureträger und einem Trennmittel. Im Teig entwickelt sich beim Backen Kohlensäure, die aus dem Teig entweicht und ihn lockert.

Backhefe
Biologisches Triebmittel zur Teiglockerung. Als Frisch- und Trockenhefe im Handel. Trockenhefe hält sich mehrere Monate bis zu einem Jahr, Frischhefe dagegen nur wenige Tage.

Backoblaten
Hauchdünnes Dauergebäck (rund oder viereckig) aus Mehl oder Speisestärke (ohne Backtriebmittel) hergestellt. Oblaten dienen als Unterlage, z. B. für Makronen und Lebkuchen.

Bittermandeln
Steinfrucht des Bittermandelbaumes; schmeckt bitter und enthält Blausäure. Nur in kleinsten Mengen als geschmacksgebende Zutat verwenden.

Bourbon Vanille-Zucker
Echter Vanillezucker mit mindestens 5% echter Vanille; an den schwarzen Punkten erkennbar.

Farin-Zucker
Gelb- bis dunkelbrauner Zucker aus Zuckerablaufsirup, z. B. für Lebkuchen.

Gelatine
Als Geliermittel beim Backen, z. B. für Creme-, Sahne- oder Geleefüllungen.

Hagelzucker
Grob kristallisierter Zucker zum Bestreuen von Gebäck.

Ingwer
Gewürz aus dem Wurzelstock der Ingwerpflanze. Frisch, gemahlen, getrocknet, eingelegt in Sirup oder kandiert im Angebot. Stark würziger, leicht brennender Geschmack.

Kardamom
Getrocknete Kapselfrucht der einjährigen Kardamompflanze. Ganz oder gemahlen im Angebot. Leicht brennender, würziger Geschmack.

Kokosraspel
Geraspeltes Fruchtfleisch der Kokosnüsse. Begrenzt lagerfähig, da ungeschwefelt im Handel erhältlich.

Korinthen
Grundsätzlich ungeschwefelte, getrocknete rötlich bis violett-schwarze, kernlose Beeren einer Abart der Weinrebe. Fruchtgeschmack und Aroma sind intensiver als bei Rosinen.

Kuvertüre
Schokoladen-Überzugsmasse mit unterschiedlichen Geschmacksnuancen. Hergestellt zum Überziehen von Gebäck, auch als Zusatz für Teige, Füllungen oder Cremes geeignet.

Mandeln

Steinfrucht des Mandelbaumes. Im Handel geschält oder ungeschält, im ganzen, gehackt, gehobelt oder gestiftelt erhältlich.

Marzipan-Rohmasse

Vorwiegend aus süßen Mandeln und Zucker hergestellt. Geeignet für Füllungen, Teige, Konfekt oder Garnituren.

Mohn

Ölhaltige Samen der Mohnpflanze; Verwendung z. B. für Füllungen oder als Teigzusatz (ganz oder gemahlen).

Muskatnuß

Frucht des immergrünen Muskatbaumes. Intensiver würziger Geschmack. Sparsam dosieren. Wird ganz oder gemahlen angeboten.

Nelken

Kurz vor dem Aufblühen geerntete dunkelbraune Blütenknospen des Gewürznelkenbaumes. Getrocknet, ganz oder gemahlen im Handel. Intensives Aroma mit kräftigem, leicht brennendscharfem Geschmack.

Orangeat

Kandierte Fruchtschale der Pomeranze. Im Handel meist gewürfelt, aber auch in halben Schalen angeboten. Wird als Teigzusatz und zum Verzieren verwendet.

Piment

Gewürz aus den getrockneten Beeren des Nelkenpfefferbaumes. Im Handel gemahlen erhältlich. Wird für Honiggebäck und Gewürzkuchen verwendet.

Pistazien

Schalenfrucht des Pistazienbaumes oder -strauches mit hellgrüner Farbe. Im Handel meist schon entkernt erhältlich. Für Füllungen, Teige und Garnituren. Relativ teuer. Wird nur in kleinen Mengen verwendet.

Rosenwasser

Nebenprodukt (Kondensat) bei der Gewinnung von Rosenöl. Beliebt zum Aromatisieren von Marzipan und Teigen.

Rosinen (Sultaninen)

Im Ursprungsland luftgetrocknete, helle oder dunkle, kernlose Beeren verschiedener Weinreben. Geschwefelt oder ungeschwefelt im Handel, z. B. für Teige, Füllungen oder Garnituren.

Safran

Getrocknete Blütenstempel einer Krokuspflanze des Mittelmeerraumes. Stark färbend. Aromatischer, leicht bitterer Geschmack, sparsam dosieren.

Sternanis
Samenhülse des in Südchina beheimateten Würzbaumes. Im Geschmack ähnlich dem Anis. Beliebt für die Weihnachtsbäckerei, aber auch für Brot und Süßspeisen. Das Aroma verflüchtigt sich gemahlen sehr schnell, deshalb erst kurz vor Gebrauch und in geringen Mengen einkaufen.

Vanille
Fermentierte Kapselfrucht einer im tropischen Amerika beheimateten Kletterorchidee. Verwendet wird das ausgekratzte Mark der Schote oder die ganze, kleingeschnittene und vermahlene Schote.

Vanillin-Zucker
Eine Mischung aus Zucker und Vanillin. Es ist im Handel in Päckchen abgepackt erhältlich.

Zimt
Getrocknete Innenrinde des Zimtbaumes. Für die Herstellung von Gebäck ist der würzig, milde Ceylon-Zimt dem stark würzigen Kassia-Zimt (China) vorzuziehen.

Zitronat (Sukkade)
Kandierte Fruchtschale der Zitronat-Zitrone. Im Handel meist gewürfelt angeboten, aber auch als halbe Schalen. Wird als Teigzusatz und zum Garnieren verwendet.

Backtips

Mandeln abziehen
Mandeln werden meist abgezogen verwendet. Dafür die Mandeln zunächst in kochendes Wasser geben, kurz aufkochen lassen. In ein Sieb geben, mit kaltem Wasser abspülen. Die Mandeln aus den Häutchen drücken. Die Mandeln hacken, mahlen oder hobeln.

Nüsse schälen
Nüsse auf ein trockenes, sauberes Backblech legen, im Backofen bei etwa 130 °C so lange erhitzen, bis sich die braunen Häutchen abreiben lassen. Die heißen Nüsse in ein sauberes Küchentuch geben und die Häutchen mit Kreisbewegungen abreiben.

Nüsse und Mandeln rösten
Ganze, gehackte oder gemahlene Nüsse oder Mandeln unter ständigem Rühren ohne Fettzugabe in einer Pfanne rösten. Sie bekommen ein intensiveres Aroma. Nüsse oder Mandeln abkühlen lassen, dann weiterverarbeiten.

Kuvertüre temperieren

Kuvertüre im Wasserbad langsam schmelzen, abkühlen lassen und nochmals vorsichtig erwärmen.

Backformen vorbereiten

Backformen mit weicher Margarine oder Butter (nicht mit Öl) gleichmäßig einfetten. Kastenformen evtl. mit Weizenmehl, Semmelbröseln, Kokosflocken, gemahlenen Nüssen oder Mandeln ausstreuen. Überschüssiges Mehl oder Semmelbrösel durch Klopfen auf die Form und Umdrehen abstoßen.

Backformen in den Ofen schieben

Gefüllte Backformen zum Backen auf den Rost und nicht auf den Backofenboden stellen. Das Gebäck würde zu dunkel werden. Bei der Einschubhöhe die Anweisungen des Herstellers beachten.

Mehrere Partien Plätzchen backen

Ist nur ein Backblech vorhanden, soll jedoch eine größere Anzahl Plätzchen gebacken werden, kann man sich folgendermaßen behelfen: mehrere Backpapierstücke in der Größe des Backblechs zuschneiden. Die Bögen mit den ausgestochenen oder geformten Plätzchen belegen. Die belegten Papierbögen an der flachen Seite auf das Backblech ziehen. Das Gebäck kann so nacheinander gebacken werden.

Gebäck auskühlen lassen

Gebäck zuerst auf einem Kuchengitter auskühlen lassen, damit der Boden nicht feucht wird. Erst danach auf die Kuchenplatte setzen. Wenn das Gebäck auf Backpapier gebacken wurde, dieses sofort nach dem Backen flach abziehen.

Garprobe

Plätzchen sind gar, wenn die Oberfläche gelblich bis goldbraun ist. Um zu prüfen, ob Kuchen schon gar sind, nimmt man ein Holzstäbchen und steckt es an der tiefsten Stelle in den Kuchen. Ist das Hölzchen trocken und haftet kein Teig mehr daran, ist der Kuchen gar. Biskuitplatten sind gar, wenn bei Fingerdruck keine Druckstelle auf der Oberfläche zurückbleibt.

Mehl gegen Vollkornmehl austauschen

Wird Vollkornmehl verwendet, quillt der Teig durch den hohen Kleieanteil und die Konsistenz des Teiges wird zu fest. Dementsprechend muß die Flüssigkeitsmenge erhöht werden.

Backpulvermengen bei Vollkornteigen

Wenn mit Vollkornmehl gebacken wird, sollte etwas mehr Backpulver verwendet werden. Wegen des Kleieanteils ist der Teig schwerer und geht nicht so leicht auf.

Honig und Ahornsirup anstatt Zucker

Zucker kann nicht ohne weiteres gegen Ahornsirup oder Honig ausgetauscht werden. Die Süßkraft von Honig und Ahornsirup ist etwas geringer als die von Zucker. Außerdem werden die Teige zu weich, so daß noch etwas Mehl zugefügt werden muß.

Zitronenschale abreiben

Zum Abreiben der Zitronenschale einen Streifen Pergamentpapier über die Reibe legen, nur das Gelbe der Schale abreiben, das Weiße ist bitter.

Gebäck aufbewahren

Damit Sie auch möglichst die ganze Adventszeit hindurch etwas von den Plätzchen haben, sollten Sie überlegen, wann Sie was backen wollen:

Lebkuchengebäck, z. B. Thorner Kathrinchen, brauchen viel Zeit zum Durchziehen. Am besten zu Beginn der Adventszeit backen. Mit einem Stück Apfel, der Feuchtigkeit an das Gebäck abgibt, in eine Dose schichten. Deckel nur lose auflegen.

Butter- und Knetteigplätzchen etwa 2 Wochen vor dem Vernaschen backen. Knuspriges Gebäck wie Walnußkipferl in einer fest schließenden Dose aufbewahren, damit es keine Feuchtigkeit aus der Luft aufnimmt.

Marzipangebäck und Gebäck mit Konfitüre etwa 1–2 Wochen vor dem Fest backen. Marzipangebäck hält sich ebenfalls mit einem Stück Apfel oder Brot, die die Feuchtigkeit erhalten, in einer Dose mit leicht aufgelegtem Deckel am besten.

Makronengebäck schmeckt frisch am leckersten. Sie dürfen nicht zu stark ausgebacken werden, sondern müssen sich noch weich anfühlen. Beim Auskühlen auf dem Kuchenrost trocknen sie nach. Die Knusprigkeit erhält sich kurzfristig in fest verschlossenen Dosen.

Stollen sollte nach dem völligen Erkalten auf dem Kuchenrost in Alufolie gewickelt werden. Wenn er kühl und trocken gelagert wird, bleibt er bis zu 4 Wochen frisch und das Aroma der Früchte und Gewürze zieht durch das ganze Gebäck.

Plätzchen

Kleingebäck

Kuchen

Torten

Figürliches Backen

Konfekt

Ratgeber

Register

Umwelthinweis	Dieses Buch und der Schutzumschlag wurden auf chlorfrei gebleichtem Papier gedruckt. Die Einschrumpffolie – zum Schutz vor Verschmutzung – ist aus umweltfreundlicher und recyclingfähiger PE-Folie.

Bitte beachten Sie bei Gasherden die Gebrauchsanweisung des Herstellers.
Biskuitteige nur mit Ober-/Unterhitze oder Gas backen, da bei Heißluft der Teig austrocknet.

Wenn Sie Anregungen, Vorschläge oder Fragen zu unseren Büchern haben, rufen Sie uns unter folgender Nummer an (o521) 52o642 oder schreiben Sie uns:

Ceres Verlag, Rudolf August Oetker KG, Redaktion, Am Bach 11, 336o2 Bielefeld

Wir danken für die freundliche Unterstützung	Ketchum Public Relations GmbH, München
Copyright	©1996 by Ceres Verlag, Rudolf August Oetker KG, Bielefeld
Redaktion	Jasmin Gromzik
Kapiteltexte	Doris Pieper, Rheda-Wiedenbrück
Rezeptentwicklung und -text	Versuchsküche Dr. August Oetker, Bielefeld
Titelfoto	Brigitte Wegner, Bielefeld
Foodstyling	Eike Upmeier-Lorenz, Bielefeld
Innenfotos	Christiane Pries, Borgholzhausen
	Fotostudio Toelle, Bielefeld
	Brigitte Wegner, Bielefeld
Gestaltung	GDH Haselhorst, Bielefeld
Satz	adrupa, Paderborn
Reproduktion	Mohndruck, Graphische Betriebe GmbH, Gütersloh
Herstellung	Mohndruck, Graphische Betriebe GmbH, Gütersloh

ISBN 3-767o-o449-6